www.ingramcontent.com/pod-product-compliance
Lightning Source LLC
LaVergne TN
LVHW010225070526
838199LV00062B/4726
9789358729115

ذکرِ خیر

(خاکے)

یوسف ناظم

© Taemeer Publications LLC
Zikr-e-Khair *(Khaake)*
by: Yusuf Nazim
Edition: July '2024
Publisher :
Taemeer Publications LLC (Michigan, USA / Hyderabad, India)

ISBN 978-93-5872-911-5
9 789358 729115

کتاب	:	**ذکرِ خیر** (خاکے)
مصنف	:	**یوسف ناظم**
صنف	:	غیر افسانوی نثر
ناشر	:	تعمیر پبلی کیشنز (حیدرآباد، انڈیا)
سالِ اشاعت	:	۲۰۲۴ء
صفحات	:	۱۶۰
سرورق ڈیزائن	:	تعمیر ویب ڈیزائن

انتساب

فیض نہ ہم یوسف نہ کوئی یعقوب جو ہم کو یاد کرے
اپنا کیسا کنعاں میں رہے یا مصر میں جا آباد ہوئے

اپنے بڑے بھائی سید محمد یعقوب (مرحوم)
کے نام

جن کے علم اور مطالعے کا فیض صرف مجھ تک پہنچ پایا

یوسف ناظم
۲۲, دسمبر ۸۲ء

فہرست

پورا آدمی - ادھورا خاکہ

راجندر سنگھ بیدی نے آج سے کوئی ۸ سال پہلے ایک مضمون لکھا تھا، ہاتھ ہمارے قلم ہوئے۔ اس ۸ سال کے عرصے میں ان پر کیا بیتی اور کیا نہیں بیتی اس کا علم شاید انھیں خود بھی نہ ہو، پھر ہم لوگ کس گنتی میں ہیں (یوں جب بھی ہمیں گِنا جاتا ہے ہم پہلے سے ۴،۶ کروڑ زیادہ ہی ہوتے ہیں) ان کے ہاتھ قلم تو نہیں ہوئے، لیکن بے قلم ضرور ہو گئے۔ بیدی صاحب اتنے بیمار رہے ہیں اُتنے بیمار رہے ہیں جیسے انھوں نے کسی سے کہہ رکھا ہو: "لاؤ سب کی طرف سے میں بیمار ہو لیتا ہوں"۔ وہ اپنی کہانیوں کے عنوان بھی کچھ اسی قسم کے دُعائیہ چُنتے ہیں۔ مثلاً: اپنے دُکھ مجھے دے دو۔ دیوالہ۔ باری کا بخار۔ تعطل۔ جنازہ کہاں ہے۔ خیر کہانیوں کے عنوان رکھ لیے تو رکھ لیے لیکن وہ تو ان پر باضابطہ عمل بھی کرتے ہیں۔ وہ افسانہ نگار ہیں یا کیمسٹ۔ ہر فارمولے پر تجربہ کرنا، اس کا تجزیہ کرنا ایک کیمسٹ کا کام ہوتا ہے، کہانی نگار کا نہیں، اور وہ تو جیف کیمسٹ کی طرح پیچھے پڑ جاتے ہیں ۔۔ ۱۹۷۷ء سے وہ لگاتار بیمار ہیں (لوگوں کا کہنا ہے کہ وہ پیدا ہی بیمار ہوئے

تھے) ۱۹۷۸ء میں اُن پر فالج کا حملہ ہوا۔ وہ اسے سہہ گئے، یہ الگ بات ہے۔ لیکن نتیجہ یہ ہوا کہ شخصی طور پر وہ اب بھی راجندر سنگھ بیدی ہیں، لیکن اُن کے اندر کا وہ شمشاد قد فن کار چُپ ہو گیا ہے جو اس عہد کی افسانہ نگاری کی روح و رواں تھا۔ راجندر سنگھ بیدی جیالے آدمی ہیں۔ انھوں نے بہت کچھ ہارا ہے، لیکن ہمت نہیں ہاری ہے۔ اِدھر ڈوبے اُدھر نکلے، عملی مظاہرہ بھی دیکھا کریں گے — بس کچھ دن اور انتظار کرنا ہوگا۔

راجندر سنگھ بیدی نے اخلاق و آداب، ابھی تک چھوڑے نہیں ہیں۔ اپنے اس عالمِ چنیں و چناں میں بھی، جب کہ ان کا آج اِدھر اُدھر جانا ٹھیک نہیں، وہ رسمِ دوستداری، سے دستبردار نہیں ہوئے ہیں۔ انھیں کوئی بلائے تو ان کی بے کلی، بے قراری شروع ہو جاتی ہے۔ بید مجنوں کی طرح لرزتے لرزاتے پہنچیں گے ضرور۔ صرف معذرت کرنے کی خاطر۔ یہ راجندر سنگھ بیدی ہیں، یا عشقِ پیچاں کی بیل۔

انھیں لوگوں کے، جگہوں کے اور کتابوں کے نام یاد نہیں رہتے، لیکن باتیں سب یاد رہتی ہیں۔ سنیچر ۱۳ رجون کو اُن سے ملاقات ہوئی، تو معلوم نہیں کس بات پر کہنے لگے، وہ ناول میں نے پڑھی ہے بھئی۔ وہی ناول جو ہمارے انھوں نے لکھی ہے، کہیں کہیں تو بہت بلند ہے ان کا نام دیکھیے ذہن میں ہے، لیکن زبان پر نہیں آرہا ہے۔ ارے ہمارے پرانے دوست ہیں — میں نے اس ناول کی چاروں جلدیں پڑھ ڈالیں — میں نے کہا آپ حیات اللہ انصاری کے ناول کا تو ذکر نہیں کر رہے ہیں۔ بولے ہاں ہاں، اسی کی بات کر رہا ہوں۔

اس سے کچھ دن پہلے میں اُن کے ہاں گیا تھا تو دیکھا بھگوت گیتا

پڑھ رہے ہیں۔ راو ہا کرشنن کا انگریزی ترجمہ اردو تالیف ۔ کتاب میز
پر رکھ دی اور مسکرائے۔ دیہ مسکراہٹ بہت اندر سے آئی تھی۔ خوش
تھے بولے ۔ کتابیں پڑھتا رہتا ہوں ، لیکن ایک صفحہ ختم کرنے کے بعد
دوسرا صفحہ شروع کرتا ہوں تو بھول جاتا ہوں کہ پہلے صفحے پر کیا
پڑھا تھا۔ میں نے کہا بیدی صاحب یہ آپ کی بھول ہے۔ آپ بھول
نہیں پاتے بلکہ جو کچھ پڑھتے ہیں اسے جذب کر لیتے ہیں ۔۔۔ پوچھا
کیا آپ نے یہ کتاب پڑھی ہے۔ میں نے کہا، میں یہ تو نہیں کہتا کہ
میں نے یہ کتاب پڑھی ہے ، لیکن یہ میرے پاس موجود ضرور ہے اور میں
اسے کبھی کبھی دیکھ لیتا ہوں۔ بولے کتاب کی طرف نظر اٹھا کر دیکھ لینا
بھی کتاب پڑھنے میں داخل ہے ۔۔۔ بیدی صاحب نے کبھی انگریزی
میں شعر بھی کہے تھے۔ (انگریزی شاعری میں عروض نہیں ہوا
کرتے اور اگر ہوتے بھی ہیں تو کوئی اُن کی پروا نہیں کرتا) اور ان کے
ہاں انگریزی کلاسک کا اتنا ذخیرہ ہے کہ دو چار کتابیں چُرا لینے کو جی
چاہتا ہے ۔۔۔ معلوم نہیں بیدی صاحب نے یہ کتابیں کیسے جمع کی
ہوں گی ۔

راجندر سنگھ بیدی کی مشہور و معروف "دجہل" ا بھی گئی نہیں
ہے ، لیکن زخمی ضرور ہوئی ہے ، اور نہ یہی بیدی صاحب تھے جو محفلوں
کو اپنے لطیفوں سے نہلا دیتے تھے۔ ایک لطیفہ ختم کرنے سے پہلے
دوسرا لطیفہ شروع کر دینے کا فن صرف بیدی صاحب کو
آتا ہے ۔۔۔ محفلوں میں وہ اب بھی اکٹھے بیٹھتے ہیں ، لیکن بولتے
کچھ نہیں ۔۔۔ ایک مرتبہ بڑی لمبی سنجیدگی سے کہنے لگے۔ مجھے

جملے بنتے نہیں ہیں۔ بیچ میں ہی کہیں رُک جاتے ہیں۔ کبھی کوئی صحیح لفظ نہیں ملتا اور کبھی خیال ادھورا رہ جاتا ہے۔ شعر سنتا ہوں داد دینے کو جی چاہتا ہے، لیکن صرف گردن ہلا کر چُپ ہو جاتا ہوں اور شاعر سمجھتا ہے شعر میں نے سمجھا نہیں ـــ جی میں آیا کہوں، بیدی صاحب آپ گرامر اور عروض وغیرہ کی پروا کیے بغیر ہی کہا کیجیے۔ کوئی آپ کا کیا بگاڑ لے گا. لیکن بیدی صاحب سے کچھ کہتے ڈر لگتا ہے۔ صاحب موصوف پہلے ہی بہت حسّاس تھے اور اب تو اک ذرا چھیڑیے پھر دیکھیے کیا ہوتا ہے، کی طرح ہو گئے ہیں۔ ان کی ناراضی سے، ان کی اُداسی سے خوف ہوتا ہے۔ پچھلے ایک سال میں تو وہ بہت سنبھلے ہیں اور صرف مسکراتے ہی نہیں، ہنستے بھی ہیں۔

لڑکپن کے ہم ساز راجندر سنگھ بیدی آگے چل کر دوستوں کے دم ساز تو بنے لیکن زمانہ ساز نہ بن سکے۔ یہ فن انھیں نہیں آیا۔ وہ بس دوستوں پر جان اور محفلوں پر پان چھڑکتے رہے۔ جب وہ بے تحاشہ پان کھاتے تھے تو نہ رستم کی پروا کرتے تھے نہ سکندر کی۔ ان کے اپنے کپڑے تو خیر اُن کے اپنے ہی کپڑے تھے، لیکن دوسروں کے کپڑوں سے بھی انھوں نے غیریت نہیں برتی۔ اُن کا مخاطب ہمیشہ لہولہان ہو جاتا تھا۔ کہتے تھے یہ خلوص کی نشانی ہے، اور کیا یاد کرو گے کہ کسی رئیس سے سابقہ پڑا تھا۔ ایک مرتبہ بیمار ہوئے تو کھار (بمبئی) کے کسی نرسنگ ہوم میں رکھے گئے۔ جب بھی اُن کے تیمار دار اُن سے ملنے جاتے، انھیں نرسنگ ہوم میں داخل ہو کر اُن کے کمرے تک جانے کی کبھی زحمت نہیں اُٹھانی پڑتی تھی۔ راجندر سنگھ بیدی نرسنگ ہوم

کے قریب ہی کی ایک پان کی دُکان پر کھڑے مل جاتے۔ کئی پان اُن کے منھ میں اور پانوں کا ایک پُلندہ ان کے ہاتھ میں ہوتا۔ اس بات کو کئی سال ہوگئے، لیکن وہ دُکان دار اب بھی نرسنگ ہوم جاکر کسی نہ کسی ملازم سے ضرور پوچھ آتا ہے، بھائی صاحب! وہ سردار جی پھر بیمار نہیں ہوئے۔ میرا کاروبار مندا پڑا ہے، انھیں کسی طرح بلائیے۔ کہتے تھے اِن کی دُکان پر مجھے بار بار اس لیے جانا پڑتا ہے کہ نرسنگ ہوم میں کھانا ہی کتنا ملتا ہے — پان انھوں نے کبھی گِن کر نہیں کھائے۔ ان کا عقیدہ ہے گِننے سے پان کا مزا بگڑ جاتا ہے۔ پان میں وہ تمباکو اس مقدار میں ڈالتے ہیں کہ پھر پان کو موڑا نہیں جا سکتا۔ سگریٹیں بھی انھوں نے کم نہیں پی ہیں۔ اصل میں انھوں نے کم و بیش اور بیش و کم کا جھگڑا ہی کبھی مول نہیں لیا۔

گوشت خوری ان کا محبوب مشغلہ رہا ہے اور مُرغی کے شکار کو وہ سب سے بہتر شکار سمجھتے ہیں۔ کہتے ہیں شکار کے لیے بیاباں کیوں جایا جائے، دسترخوان ہی کیوں نہ مُچایا جائے۔ کسی مسلمان دوست کے ہاں کھانا کھاتے تو ضرور داد دیتے اور کہتے گوشت تو مسلمانوں ہی کا کھانا چاہیے۔ اس کے بعد تارا سنگھ کے لطیفے سناتے۔

بمبئی میں لطیفوں کی سب سے اونچی دُکان راجندر سنگھ بیدی کی تھی۔ ان کے یہاں سیکنڈ ہینڈ مال نہیں ملتا تھا۔ صرف منتخب چیزیں ہوتیں جن میں سردارجیوں کے لطیفے زیادہ ہوتے۔ بیدی صاحب ان لطیفوں کو ہر جگہ تقسیم کرتے تھے، گویا ان کی ترویج و اشاعت تنہا انھیں کی ذمہ داری تھی — اس معاملے میں وہ ہمیشہ فرض شناسی

سے اپنا کام انجام دیتے رہے۔

راجندر سنگھ بیدی اس بات پر بھی نازاں رہے کہ مساوات کا جو جذبہ ہم سردارجیوں میں ہے وہ کسی اور میں نہیں۔ ایک دن فرمایا ہم میں کوئی ذہین آدمی اس لیے پیدا نہیں ہوا کہ ہم مساوات کے قائل ہیں۔ دوسروں سے آگے نکل جانا ہمارا شیوہ نہیں —— دن کے ۱۲ بجے کو وہ اپنا غلامتی نشان مانتے (علامتی نشان غالباً غلط ترکیب ہے۔ یہ میری ترکیب ہے) خود کہا کرتے ہیں کہ جن دنوں وہ ماٹونگا میں سیٹھیا سدن نام کی بلڈنگ میں رہتے تھے اور اپنے گھر سے اپنے دفتر ڈاچی فلمز جانے کے لیے باہر نکلتے تو کوئی ۱۲ بجے کا وقت ہوتا۔ بمبئی میں سڑک پر چلنے والے لڑکے بلکہ بڑی عمر کے لوگ بھی ہر اُس شخص سے وقت ضرور پوچھتے ہیں جس کے ہاتھ پر گھڑی لگی ہو اور بیدی صاحب تو بش شرٹ کی آستین پر اس طرح گھڑی لگاتے تھے جیسے وہ اُن کی گھڑی نہ ہو، بگ بن ہو۔ اِدھر وہ گھر سے باہر نکلے اور کسی نہ کسی لڑکے نے ان سے وقت ضرور پوچھا۔ یہ گھڑی دیکھتے تو ٹھیک ۱۲ بجے ہوتے۔ ان کا پارہ چڑھ جاتا۔ خود کہتے ہیں، اُن بچارے بچوں کو بالکل پتا نہیں تھا کہ ہم لوگوں سے ۱۲ بجے وقت پوچھنے کا کیا مطلب ہوتا ہے۔ یہ بات تو انھیں میرے سلوک کی وجہ سے معلوم ہوئی —— اُس کے بعد انھوں نے گھر سے ۱۲ بجے نکلنا ہی موقوف کر دیا۔ ناشتہ کرتے اور صبح ۱۰ بجے ہی نکل جاتے۔ رفتہ رفتہ انھیں اس کی اتنی عادت ہو گئی کہ انھوں نے فلم ۱۰ تک بھی بنائی۔

بیدی صاحب البتہ ان دنوں بہت پریشان رہے جب امریکی

چاند پر ہو آئے اور ان کے جواب میں نہیں انتقاماً سورج پر جانے کے پروگرام کا لطیفہ مشہور ہوا۔ بیدی صاحب پریشان اس لیے تھے کہ جب انھوں نے خود کسی کو اپنا یہ منصوبہ بتایا نہیں تھا، تو ان کا راز افشا کیسا ہوا — لیکن انھوں نے اپنے بچاو کی ترکیب یہ نکالی کہ جہاں بھی جاتے، پہلے اعلان کر دیتے کہ سورج پر جانے کا پروگرام میرا نہیں کسی اور کا ہے۔ میں تو رات میں گہری نیند سونے کا عادی ہوں۔

بیدی صاحب اب بھی افسوس کرتے ہیں کہ انھوں نے چند دن ڈاک خانے میں کیوں کام کیا۔ ڈاک خانے کا نظام اس وقت سے جو بگڑا تو اب تک سدھرنے نہیں پایا۔

ان میں ایک قباحت اور بھی ہے۔ وہ اب بھی اپنے آپ کو طالب علم بلکہ شاگرد سمجھتے ہیں۔ (طالب علم اور شاگرد میں فرق یہ ہوتا ہے کہ شاگرد زیادہ مطیع و فرماں بردار ہوتا ہے) عالمِ شاگردی میں، میں نے انھیں اس وقت دیکھا جب ۵، ۶ سال پہلے اپندرناتھ اشک بمبئی آئے تھے۔ لنکا یا نیپال سے کسی ہندی کانفرنس سے لوٹے تھے اور بیدی صاحب ہی کے ہاں ٹھہرے تھے۔ مجروح سلطانپوری کے ہاں ایک محفل میں، جس میں زہرہ نگاہ بھی شریک تھیں، بیدی صاحب مع اشک صاحب موجود تھے اور بالکل زانوئے تلمذ تہہ کیے ہوئے تھے (بلکہ اشک بدیدہ تھے) کہہ رہے تھے، اشک صاحب کو میں اپنی کہانیاں دکھایا کرتا تھا — آل احمد سرور سے بھی انھیں اتنی ہی رغبت ہے — ان معاملوں میں وہ

لطیفہ گوئی اور جملہ سازی کو قریب بھی نہیں آنے دیتے۔ وہ کہتے ہیں آدمی کو صرف ادیب ہی نہیں، مودّب بھی بننا چاہیے۔ وہ ادب نہ سہی، یہ ادب بھی آجائے تو بہت ہے ـــ مودب ادیب بس یہی ایک ہیں ـــ

انھیں معلوم ہوگا ہی کہ لوگ انھیں بہت پیار سے یاد کرتے ہیں۔ کراچی سے مشفق خواجہ نے ۴ خط تو صرف ان کے لیے لکھے ہوں گے کہ ان سے کسی طرح کوئی چیز لے کر ان کے تخلیقی ادب کے لیے بھیجی جائے۔ بیدی صاحب سے میں نے جب بھی کہا، بولے میں لکھ نہیں سکتا۔ میرا سیدھا ہاتھ سیدھا پاؤں اور سیدھی آنکھ تینوں متاثر ہیں ـــ ایک مرتبہ تو بہت ہی دل گرفتہ ہوکر بولے "میں نے کسی کا کیا بگاڑا تھا جو مجھے یہ سب کچھ دیکھنا پڑ رہا ہے"۔ ـــ وہ بہرحال اب پڑھتے بھی ہیں اور چلتے بھی۔ جہاں تک لکھنے کا تعلق ہے، وہ اکتوبر یا نومبر تک نہ صرف لکھیں گے بلکہ ایسا لکھیں گے کہ لوگوں کی آنکھیں کھلی کی کھلی رہ جائیں گی۔ وہ گھر بیٹھے سب کچھ دیکھ رہے ہیں۔

اُس دن البتہ وہ تھوڑے سے ناراض ہو گئے جب میں نے اُن سے کہا، اچھا آپ خود نہیں لکھ سکتے تو میں لکھتا ہوں۔ "بیدی کی خود گفتہ سوانح عمری" آپ بولتے جائیے میں لکھتا جاؤں گا۔ بولے، نہیں بھئی، میں ہی لکھوں گا، بلکہ میرے پاس لکھی پڑی ہو گی ـــ کچھ تو وہ "ہاتھ ہمارے قلم ہوئے"، میں لکھ ہی چکے ہیں۔ میں نے اُن کا اعتراف پڑھا تو دنگ رہ گیا۔ یہ بہت ہی معصوم

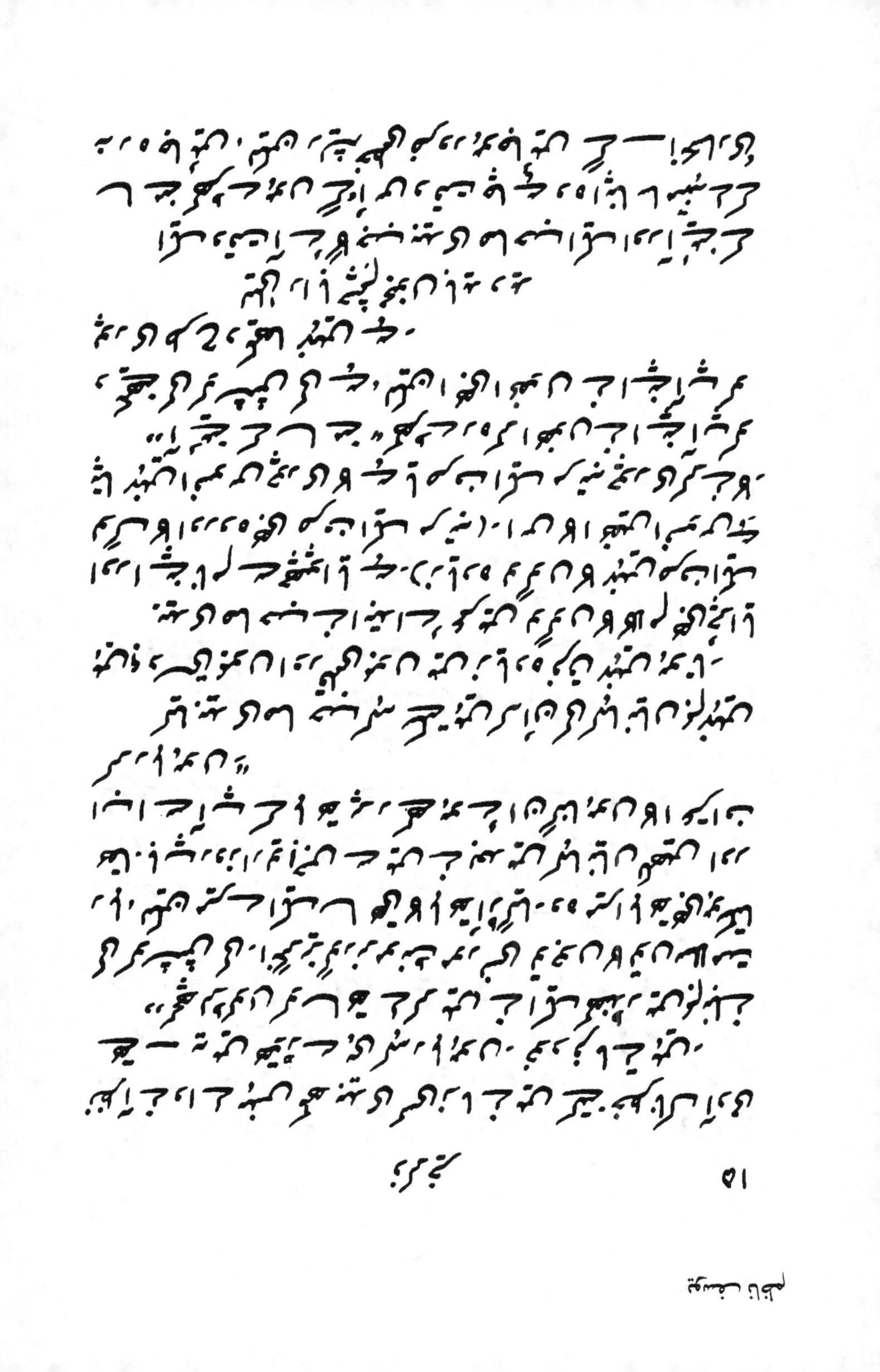

بیماری اور نیم معذوری، یہ تین چیزیں ایک ساتھ جمع ہو جائیں تو آئینے میں صرف دُھند دکھائی دیتی ہے۔ اپنا عکس نہیں۔ بیدی صاحب آئینہ دیکھنے کی صحیح ترکیب جاننے بھی نہیں ہیں، ورنہ اس فن کے ماہرین تو کچھ اس طرح آئینہ دیکھتے ہیں کہ اُسے بھی جھوٹ بولنے پر مجبور کر دیتے ہیں۔

کہاں کس سے متفق ہونا چاہیے، یہ بات بھی بیدی صاحب نہیں جانتے۔ ایک مرتبہ کسی مداح نے اُن کے سامنے اُن کی تعریف کی۔ کہا: "بیدی صاحب آپ بہت بڑے آدمی ہیں" انھوں نے فرمایا۔ "میں جی، (پنجابی انداز) جی میں تو کچھ نہیں"

اور اُن کے مدّاح نے اِن کی بات مان لی۔

جب انھوں نے کہا تھا کہ آپ بہت بڑے آدمی ہیں تو بیدی صاحب کو کہنا چاہیے تھا۔

"میں آپ کی مردم شناسی کا قائل ہوں"

کرشن کتھا

حیدرآباد میں مزاح نگاروں کی کانفرنس برپا ہونے والی تھی۔ غالباً پہلی کانفرنس۔ ۱۹۶۳ یا ۶۴ کی بات ہوگی (دشنوں اور بسنوں میں دھرا بھی کیا ہے)۔ طے یہ کیا گیا کہ کرشن چندر اس کی صدارت کریں گے اور کنھیا لال کپور افتتاح۔ صدر کی فراہمی کا کام میرے ذمّے تھا۔ کرشن چندر ان دنوں کھار میں 'گردوں اسٔ نام کی عمارت میں رہتے تھے۔ میں باندرہ رہ تھا۔ درمیانی فاصلہ زیادہ نہیں تھا، اور تھا بھی تو وہ کرشن جید رہنے اپنی طرف سے کم کر دیا تھا۔ میں ہر تیسرے چوتھے دن جاکر انھیں یاد دلا دیتا کہ دیکھیے فلاں دن حیدرآباد چلنا ہے۔ کبھی کبھی نون پر بات ہوجاتی (اُن دنوں نون اتنا بدحال نہیں ہوا تھا)۔ میرے کچھ کہنے سے پہلے ہی وہ خود کہہ دیتے، ہاں ہاں، مجھے یاد ہے، میں حیدرآباد چل رہا ہوں بلکہ تاکید کرتے تھے کہ دیکھو کنھیا لال کپور کو ضرور بلوانا۔ اپنی طرف سے انھوں نے کپور صاحب کو ایک ٹیلی گرام بھی بھجوایا تھا۔ لیکن کنھیا لال کپور

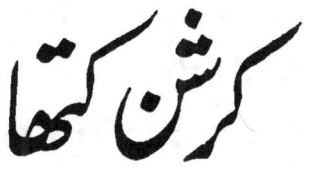

نے خط اور ٹیلی گرام میں کبھی کوئی امتیاز نہیں برتا — کرشن جی اُن دنوں بہت خوش تھے۔ خوش مزاجی، خوش گفتاری، خوش خوری اور خوش حالی ان کے اجزائے ترکیبی تھے۔ ایک سے ایک خوبصورت بُش شرٹ پہنا کرتے کہتے بھی تھے نظر مت لگاؤ۔

کانفرنس کی صدارت انھوں نے کی اور کانفرنس ہٹ رہی۔ بہت خوش ہوئے (جانتے تھے کہ کانفرنس کی کامیابی میں ان کا کتنا دخل ہے) خطبۂ صدارت انھوں نے حیدرآباد پہنچنے کے بعد ہی لکھا، حالاں کہ حیدرآباد میں گرمی شدید تھی۔ خطبۂ صدارت لکھنے سے پہلے صرف یہ سوچ رہے تھے کہ صحیح لفظ صدُر ہے یا صَدر۔ راستے بھر مشورہ کرتے رہے کہ صحیح لفظ کیا ہے۔ میں نے کہا بھی کہ کانفرنس کے صدر آپ ہیں، یہ آپ کا ذاتی مسئلہ ہے۔ کہنے لگے نہیں سامعین کی بھی کوئی رائے ہوتی ہے۔ طے یہ پایا کہ وہ ایک مرتبہ صدُر کہیں مرتبہ صَدر۔ یہ ایک سیاسی چال تھی جو کامیاب رہی۔ اپنے خطبۂ صدارت میں کرشن جی نے صدروں کی قسمیں بیان کی تھیں (اپنا ذکر نہیں کیا تھا۔)

کرشن جی لکھنے کے لیے پیدا ہوئے تھے (یہ بات انھیں بھی معلوم تھی) معمولی قلم سے معمولی کاغذ پر لکھنا انھیں پسند تو کجا، گوارا بھی نہیں تھا۔ قلم اور کاغذ کے انتخاب میں بڑی دلچسپی لیتے تھے، بلکہ خاصی محنت کرتے تھے۔ اپنے صدارتی خطبے کے لیے انھوں نے عابد روڈ کی ایک دُکان سے بڑا خوبصورت پیڈ خریدا تھا (دُکان دار اُنھیں بار بار دیکھ رہا تھا اور سوچ رہا تھا کہ یہ صاحب رائٹنگ پیڈ خرید رہے ہیں یا دُکان)۔ کوئی سو منٹ لگے ہوں گے۔ اچھے کاغذ پر لکھنا اُن کی پرانی عادت تھی اب

تو اتنا نفیس کاغذ کہیں نظر بھی نہیں آتا۔ اس سے اندازہ ہوتا ہے کہ
کرشن جی نے کتنا لکھا ہے۔ کرشن جی لکھنے کو قلم سے لکھتے تھے لیکن وہ قلم نہیں
تھا، طنز کی تلوار تھی۔ طنز کے معاملے میں وہ مُحبت طنّاز تھے ۔۔۔۔ مُرّوت
کے آدمی تھے اور انہیں آسانی سے پھسلایا جا سکتا تھا۔ لوگ دُور دُور
سے آتے اور ان سے کسی نہ کسی کام کی سفارش لکھوا لے جاتے نہایت
ہی نفیس اور خوش رنگ کاغذ پر اُجلے حروف میں لکھی ہوئی ان کی
سفارش ضائع نہیں جاتی تھی۔ وہ بہت زیادہ خوش خط تو نہیں تھے
لیکن اُن کا لکھا آسانی سے پڑھا جاتا تھا۔ الفاظ کی گنجان آبادی انھیں
پسند نہیں تھی۔ کاغذ زیادہ صرف ہوگا، انھوں نے اس کی کبھی پروا نہیں
کی۔

کرشن جی دعوتیں کھانے اور کھانے سے زیادہ دعوتیں کھلانے
کے بے حد شوقین تھے ۔ یہ ان کی دوسری کمزوری تھی۔ پہلی کمزوری
کیا تھی، مجھے اس کا علم نہیں ہے ۔ لیکن کوئی نہ کوئی ہونی ہی چاہیے
ورنہ دوسری کمزوری کیسے پیدا ہوتی۔ کرشن جی محفلوں، مشاعروں اور
جلسوں کی صدارت کے لیے آسانی سے باتھ آجاتے تھے۔ انکار کرنے
کی صلاحیت ان میں نہیں تھی۔ اکثر جگھوں پر جاکر پچھتاتے بھی تھے
کہ میں کیا بے تکی جگہ چلا گیا۔ کچھ ہی دن بعد اس سے بھی زیادہ بے
ہنگم جلسے میں موجود پائے جاتے۔ رات کے بارہ یا ساڑھے بارہ بجے
تک تو وہ مسکرا سکتے تھے لیکن اس کے بعد اُن سے مسکرایا نہیں جاتا تھا۔
مسکرانے کی بھی حد ہوتی ہے اس لیے انھوں نے اصول بنا لیا تھا کہ
خواہ کچھ ہو جائے، ساڑھے بارہ بجے کے بعد وہ نہیں مسکرائیں گے۔ کتنے

ہی مقرر اور ثناء خطابت اور شعر خوانی کے بعد یونہی واپس چلے جاتے.
ایک مرتبہ د ۰ ایک ایسی محفل میں شریک ہوئے جو شاعر کے تعارفی
جلسے، شاعر کی غزلوں کی موسیقی اور اس کے بعد محفل شعرو سخن پر مشتمل
تھی۔ درمیان میں دو دو قفے بھی تھے۔ انھیں میں سے ایک وقفے کے
دوران کرشن جی، کسی طرح لوگوں کی نظر بچا کر نکل گئے۔ اُن سے اس
پھرتی کی کسی کو بھی توقع نہیں تھی۔ اس کے بعد کرشن جی نے مشاعروں
کی صدارت کا مشغلہ ترک کر دیا۔ کہتے تھے اس میں بہت سننا پڑتا ہے.

د۲، خاکستر :

مہیندرناتھ کی موت پر کرشن جی نے لکھا تھا۔

" رات کے ساڑھے نو بجے یکایک میں نے کشن لال کے گلے سے
لگ کر رو رو کر کہا نہیں ہے ۰۰۰۰۰۰ نہیں ہے، کوئی کہتا ہے میرا
بھائی اس دنیا میں نہیں ہے، وہ مجھے اکیلا چھوڑ کر چلا گیا ، بعد میں
معلوم ہوا کہ ٹھیک ساڑھے نو بجے ان کا انتقال ہو گیا "

کرشن جی اس حساب سے اہل دل تھے۔ اور اسی لیے انھیں اپنی
موت کی خبر بھی پہلے ہی سے مل چکی تھی۔ اس سے پہلے بھی انھوں نے دل کے
دورے سہے، دواخانے بھی گئے ، وہاں مہینوں مہینوں رہے۔ لیکن ۶ مارچ
کو جب انھیں دواخانے لے جایا جا رہا تھا، تو انھوں نے گھر پر ہی کہہ دیا
تھا، اب مجھے کہاں لے جار ہے ہو، اب تو ہم چل دیے ۔۔۔۔ اتوار کو مجروح
سلطان پوری اور پیر کی شام کو کشن نگم سے انھوں نے یہی بات کہی اور
منگل ۸ مارچ کی صبح سات بجے اپنی زندگی کی کہانی پر ختم شد لکھ دیا
ان کی زندگی قوسِ قزح کے رنگوں میں کھلی ہوئی تھی۔ قوس قزح

میں پہلے تو سات رنگ ہوا کرتے تھے۔ اب بتا نہیں کتنے ہوتے ہیں، شبنمی آنسوؤں سے تر تھی، قہقہوں اور مسکراہٹوں سے لبریز تھی اور اُلجھے ہوئے تاگوں کی پیچاک بھی تھی۔ کرشن جی برسوں اُردو دنیا کے سب سے زیادہ محبوب اور مقبول ادیب رہے۔ چاہتوں اور محبتوں کی ان کے ہاں کمی نہ تھی۔ آخر آخر میں قلب کے حملوں نے انھیں بے حال اور بے بس کر دیا تھا، لیکن اس عالم میں بھی وہ ایک قوت تھے۔ اُن کی شخصیت کا جارم ممکن ہے مدھم پڑ گیا ہو، لیکن اس کے وزن میں فرق نہیں آیا تھا۔ میرے حساب سے ان کے قلب پر یہ جو بتا حملہ تھا حملہ۔ ممکن ہے چھوٹے موٹے حملے اور بھی ہوئے ہوں۔ جشن کرشن چندر کیا منایا گیا، ان کے حملوں نے مسلسل صورت اختیار کرلی۔ ان کا دل وتینام بن گیا تھا۔ جشن کرشن چندر نے درحقیقت ان کے امیج کو متاثر کیا تھا اور کرشن چندر جی خود بھی اس بات سے واقف تھے۔ اکثر کہتے تھے، معلوم نہیں زندگی کے کس کمزور لمحے میں وہ اس جشن کے لیے راضی ہو گئے تھے۔ اس جشن سے اُن کے ادبی قد وقامت میں کوئی اضافہ نہیں ہوا، الٹا نقصان ہی پہنچا۔

کرشن جی طبعاً سادہ دل اور نکسرالمزاج آدمی تھے۔ میں نے انھیں کبھی اپنی بڑائی کرتے نہیں سنا دوسروں کی بڑائی کرتے تھے (۰)، کتابوں کا مصنف ہونا اور دنیا کی پچاس زبانوں میں ان کے افسانوں کا ترجمہ کیا جانا معمولی بات نہیں۔ اس کے باوجود کرشن چندر نے یہی کہا کہ ان کے قلم سے اب بھی وہ چیز نہیں نکلی جس سے وہ خود مطمئن ہوں۔ ہم میں سے اکثر تو بہت کم درجے کا ادیب سمجھتے تھے کیوں کہ ہم ہندستانی ایک دوسرے کی ٹانک کھینچنے میں مہارت رکھتے ہیں۔ کرشن چندر کو معمولی حیثیت کا ادیب

ٹھہرا دینا ہمارے لیے کوئی مشکل بات نہیں۔ لیکن میں یہ کچھ کیوں لکھ رہا ہوں — کرشن جی کتنے بڑے یا چھوٹے تھے، لوگوں کو بعد میں معلوم ہوگا۔ وہ مرکزِ ثقل تھے۔ ان کی عدم موجودگی میں جب لوگ تتر بتر ہو جائیں گے تو انھیں وہ ہمدم، شفیق اور مہربان دوست نہیں ملے گا جو انھیں پھر سے یکجا کر دے۔ کرشن جی اپنی کئی خوبیوں کی وجہ سے ادب و احترام کے مستحق تھے۔

کرشن جی ادیب تھے اور ادیب ہونے کی حیثیت سے انھیں تنگ دل ہونے کا حق تھا، لیکن وہ اوروں کو آگے بڑھتا دیکھ کر خوش، بلکہ بے حد خوش ہونے والے شخص تھے، کسی ادیب اور شاعر کے بارے میں قلم روک کر مقدمہ لکھنا، انھیں مطلق پسند نہ تھا۔

کرشن جی کی موت ادبی نقصان تو ہے ہی لیکن ان کی موت سے کتنوں ہی کا شخصی نقصان ہوا ہے۔ پچھلے چند دنوں کی بات جانے دیجیے، ورنہ جب تک وہ صحت مند رہے، ان کا گھر دوستوں، ملاقاتیوں اور پرستاروں کی آماجگاہ رہا۔ دن بھر میں ۴۰، ۵۰ آدمیوں سے وہ جب تک نہیں مل لیتے تھے انھیں چین نہیں آتا تھا۔ محفلوں میں وہ بہت زیادہ باتیں نہیں کرتے تھے۔ شرمائے شرمائے بیٹھے رہتے، لیکن محفل کی باگ ڈور انھیں کے ہاتھ میں ہوتی۔

کرشن جی نے زندگی اور موت دونوں کا ذائقہ برابر چکھا۔ مہیندر ناتھ اور سرلا دیوی کی موتیں یکے بعد دیگرے دیکھیں اور ان کا غم اپنے دل میں جذب کر لیا۔ خود زندگی اور موت کی کشمکش میں کئی مرتبہ مبتلا رہے — جشنِ کرشن چندر کی رات گزری بھی نہ تھی کہ وہ بستر سے لگ گئے۔ اس جشن میں حیدرآباد سے مخدوم بھی آئے ہوئے تھے اور دوسرے دن شام کو

جب وہ گورنمنٹ کالونی باندرہ کی ایک محفل میں شریک تھے تو اچانک اطلاع ملی کہ کرشن جی کی حالت نازک ہے۔ دوڑے دوڑے ان کے گھر پہنچے۔ لیکن کہا گیا کہ ملنا منع ہے بلکہ خطرہ ہے کہ ملنے کی نوبت ہی نہ آئے خود مہندر ناتھ کے چہرے پر موت کی زردی چھا گئی تھی۔ لیکن یہ حملہ بھی وہ سہہ گئے۔ کئی ہفتوں کے بعد بستر سے اُٹھے تو وہ ہنستے مسکراتے قہقہے بکھیرتے کرشن چندر تھے۔ صرف یہ کہتے تھے کہ یوں تو دل کی حالت اچھی ہے لیکن جب بھی ڈاکٹر کو معائنے کی فیس نیلے نوٹوں کی صورت میں دیتا ہوں تو دل کو جھٹکا لگتا ہے۔ زندگی پھر تابناک ہو گئی۔ ادبی مصروفیتیں، دعوتیں، سفر، سیمینار، بحثیں، کانفرنسیں وغیرہ وغیرہ — کیونکہ یہی ان کی زندگی تھی۔ اس سے مفر ممکن نہ تھا۔ اس بیماری میں دواخانے نہیں گئے تھے گھر پر ہی علاج ہو گیا تھا۔ اس وقت وہ شانتا کروز کے مکان میں نہیں کھار کے مکان "گرونواس" میں تھے۔ گرونواس سے منتقل ہوئے تو روزانہ سیڑھیاں چڑھنے کی ڈیوٹی بھی لگ گئی معلوم نہیں دن میں کتنی مرتبہ اُترنا چڑھنا پڑھتا تھا۔ یہ نشیب و فراز کا معمول بن گیا تھا۔ (اسی نشت میں ان کی لاش لائی گئی اور یہیں سے لے جائی گئی) نشت کے جس کورٹ یارڈ میں ایک سال پہلے راشد منیر کی شادی کی دعوت میں دوست احباب شریک ہوئے تھے، ۸ مارچ کو بالکل اسی جگہ اردو کے محبوب افسانہ نگار کی نعش رکھی ہوئی تھی۔ (دعوت میں لوگ زیادہ تھے)۔ دوسری مرتبہ جب حملہ ہوا تو کرشن جی کو بمبئی اسپتال جانا پڑا۔ اس مرتبہ تو بات خطرے سے بھی آگے بڑھ گئی تھی۔ وہ بجلی کے پیس میکر پر زندہ تھے اور پیس میکر ایک مرتبہ فیل ہو گیا۔ بس موت کی کیفیت تھی، بلکہ یوں سمجھیے موت ہی تھی۔ وہی درد کا سناٹا، اگر

چند سکنڈ کی اور دیر ہو جاتی تو جو سانحہ بعد کو ہوا ہے، اسی وقت ہو جاتا۔ لیکن کرشن جی اس عالم میں بھی ہشاش بشاش تھے۔ ان کا پیس میکر جب آپریشن کے بعد ان کے جسم میں داخل کیا جانے والا تھا، تو اس طرح خوش تھے جیسے کوئی ایوارڈ انھیں مل رہا ہو۔ یہ انھیں اولمپک گیمس میں جیتا ہوا گولڈ میڈل معلوم ہو رہا تھا۔

آپریشن روم میں جاتے ہوئے وہ چٹکلے چھوڑ رہے تھے اور ایسا معلوم ہو رہا تھا جیسے وہ اپنے ڈرائنگ روم میں ہوں اور اپنے ملاقاتیوں سے کہہ رہے ہوں، آپ بیٹھیے میں ابھی اندر جا کر آتا ہوں۔ کوئی ڈیڑھ دو گھنٹے کا آپریشن تھا۔ سب لوگ باہر دم سادھے بیٹھے ہوئے تھے۔ یہ اگست ۷۶ء کی بات تھی۔ ہر شخص آپریشن روم میں جھانکنے کی کوشش کرتا اور دروازے سے لگ کر کھڑا ہو جاتا۔ جب آپریشن کے بعد کرشن جی کو باہر لایا گیا تو وہ نہ صرف ہوش میں تھے، بلکہ مسکرا رہے تھے۔ انھیں اس وقت معلوم تھا کہ وہ ابھی نہیں مریں گے۔ جاں نثار مرحوم اس وقت اسپتال میں تھے، اور وہ ہر روز ان کی خیریت پوچھا کرتے تھے۔ جاں نثار اختر کی موت کی خبر ان سے چھپائی گئی، اور یہ احتیاط کی گئی کہ کوئی اخبار ان تک نہ پہنچے، لیکن وہ اس طرح کی خبریں اخبار کے ذریعے نہیں اپنے دل کے ذریعے معلوم کر لیتے تھے۔ (وہ ٹیلی پیتھی کے شوقین لوگوں میں تھے) وہ جان گئے کہ ان کا ایک دیرینہ رفیق ان سے بچھڑ چکا ہے۔ کرشن جی مزاجاً محبت کرنے والے تھے، روکھی سوکھی دوستی انھیں پسند نہ تھی۔ وہ دوستی میں بھی مبالغے سے کام لیتے تھے۔ کرشن جی کی زندگی تضادات سے منور تھی۔ معلوم نہیں اپنی زندگی

میں انھوں نے کتنے آنسویوں ہی پی لیے ہوں گے۔ مجھے تو ان کے ہر طرب پر کرب کی چھاپ دکھائی دیتی تھی۔ جسم اور ذہن دو الگ الگ اکائیاں ہیں۔ ان کے ذہن نے عیش و آرام کو قبول نہیں کیا تھا۔ وہ اگر اپنی صحت سے اور دل کے عارضے سے مجبور نہ ہوئے ہوتے تو شاید آخر تک وہی پہلے سے بے پروا، البیلے اور باغی کرشن چندر ہوتے جو انھیں ہونا چاہیے تھا۔ یہ تو اُن کا بہروپ تھا۔ برسوں سے موم کی شمع کی طرح قطرہ قطرہ پگھل رہے تھے۔ وہ روشنی جس نے زبان و ادب کی دنیا کو مدتوں جگمگائے رکھا تھا، آہستہ آہستہ بُجھ رہی تھی۔

کرشن چندر سے آخری ملاقات یکم مارچ ۱۹۷۷ء کو ہوئی۔ اچھے خاصے تھے۔ کہہ رہے تھے کہ اب چند دنوں میں آنے جانے کی اجازت مل جائے گی۔ مجھ سے انھوں نے وعدہ کیا تھا اور کہا تھا "میں اب تک تمھارے گھر نہیں آیا۔ لیکن اب بارہ مارچ کو ضرور آؤں گا۔" پہلی مارچ تک ان میں زندہ رہنے کی قوت اور تمنا تھی، لیکن اس مرتبہ ۴ مارچ کو جب ان کے دل پر پھر حملہ ہوا تو انھوں نے کسی سراب سے اپنا دل نہیں بہلایا، ہنسی خوشی اس بات کو تسلیم کر لیا، جو ہر کسی کا مقدر ہے۔ اتوار تک ڈاکٹر نے انھیں بولنے سے منع کر رکھا تھا، لیکن پھر خود ہی بولنے کی اجازت دے دی۔ ڈاکٹروں کے جواب دینے کا یہ بھی ایک طریقہ ہوتا ہے۔ مہذب طریقہ!

میں ان کے اس مختصر لیکن قطعی حملے کے وقت وہاں تھا نہیں۔ سوچا تھا، منگل کی شام کو دواخانے جا کر انھیں دیکھوں گا۔ منگل کی شام ہی کو انھیں دیکھا، لیکن قوسِ قزح کے سب رنگ ہوا میں جذب

ہو چکے تھے۔ وہ سانسیں جن میں محبت کی گرمی تھی، خلا میں کھو چکی تھیں — کرشن چندر نے اُردو کو بہت کچھ دیا۔ اُردو کے لیے بہت کچھ کیا۔ وہ ایسے قافلہ سالار تھے جن کے پیچھے چلنے میں لطف آتا تھا لیکن وہ کسی کو پیچھے نہیں چلنے دیتے تھے، سب کو ساتھ رکھتے تھے۔ ان کی اس بڑائی سے کون انکار کرے گا۔

کرشن جی عہد آفریں شخصیت تھے یا نہیں، اس سے بحث نہیں۔ وہ ایک شائستہ اور با مروت بزرگ اور بے تکلف دوست تھے۔ پچھلے سولہ سال میں ان کے ساتھ جو بھی وقت گزرا ضائع نہیں ہوا۔ مسرت کے ان لمحوں کو الفاظ کا لباس دینا مشکل ہے، اور یہ کہنا کہ وہ ہمیشہ یاد آتے رہیں گے، غلط ہوگا کیونکہ یاد تو وہ آتے ہیں جنھیں فراموش کیا جا سکے۔

(۳) سراغ گمنام: کرشن چندر کی دو فرلانگ لمبی سڑک پہلے پڑھنے کی چیز تھی۔ اب یہ چلنے، دوڑنے اور رہنے کی جگہ ہے — یہ ان کی دو فرلانگ والی سڑک سے چار گنا لمبی بھی ہے۔ وہ سڑک دماغ کی پیداوار تھی، یہ سراغ کی پیداوار ہے۔ سراغ کی اس لیے کہ ماہم کھاڑی (جس کا کرشن جی کی کہانیوں میں جگہ جگہ اسمگلنگ وغیرہ جیسے ماہرانہ وشاطرانہ کاموں کے سلسلے میں ذکر ہوا ہے) اس سڑک کی جائے ولادت ہے۔ ماہم کھاڑی پہلے بالکل غیر آباد جگہ تھی آجکل تو لوگ کوئی خان خاناں قسم کے لوگ ہیں بھی نہیں کہ دشت وبیابان میں خیمے لگائیں اور بارگاہیں کھڑی کرکے ہمیں شعر گوئی کا موقع دیں۔ ہاں کبھی کبھی سرکس کا خیمہ یہاں ضرور لگ جایا کرتا تھا (سرکس کے

جانوروں میں جتنا ڈسپلن ہوا کرتا ہے، اگر اس کا ۵۰ فیصد ڈسپلن بھی — آپ سمجھ گئے ہوں گے) غالباً اسی میدان میں ایک مرتبہ ایک بڑی سی نمائش بھی ہوئی تھی جس کے آثار قدیمہ کئی دن تک موجود و برقرار رہے تھے۔ بارش کے دِنوں میں میدان میں اتنا پانی بھر جاتا تھا کہ بچّوں کے ڈوبنے کے لیے کافی ہوتا تھا (یہ واقعہ بھی یہاں ہو چکا ہے) اسی میدان میں باندرہ اور اطراف و اکناف کے شہری، اپنی غیر شہری اور غیر شعری ضرورتیں بھی پوری کر لیا کرتے تھے (یہ سلسلہ ابھی رُکا نہیں ہے، سلسلہ ہے ہی مدام، تو کیا کیا جائے) ماہم کھاڑی نے اب اتنی ترقی کر لی ہے کہ اسے باندرہ ری کلیمیشن جیسا معزز نام دیا گیا ہے۔ کھاڑی سے ری کلیمیشن بننا اصل میں بپتسمہ (بپٹزم) ہے لیکن بپتسمہ کی رسم انجام نہیں دی گئی، اس کی وجہ یہ ہے کہ ایسے موقعوں پر عین وقت بڑی گڑبڑ ہو جاتی ہے۔

کہتے ہیں کسی شہر کے ایک بڑے سے گرجا میں کسی بچّے کی رسم بپتسمہ انجام دی جا رہی تھی۔ کہیں سے تین چینی سیاح بھی یہاں پہنچ گئے تھے۔ ان سے کسی نے کہہ دیا تھا کہ غیر ملکوں کی سیاحت کا آسان طریقہ یہ ہے کہ جو دوسرے کریں، وہی تم بھی کرو۔ یہ بات انھوں نے گرہ میں باندھ لی۔ اس تقریب میں جب پادری نے کہا کہ اس بچّے کے والد کھڑے ہو جائیں، تو ان والد صاحب کے ساتھ یہ تینوں چینی بھی کھڑے ہو گئے۔

باندرہ ری کلیمیشن وہ علاقہ ہے جو تری سے خشکی میں تبدیل کیا گیا ہے — آج سے کچھ سال پہلے تک باندرہ اور ماہم کے درمیان کا مختصر سا فاصلہ طے کرتے وقت ایسا معلوم ہوتا تھا جیسے ہم ایک ملک

کی سرحد کو پار کرکے دوسرے ملک کی سرحد میں داخل ہو رہے ہیں۔ (صرف پاسپورٹ اور ویزا درکار نہیں ہوتا تھا) اب سٹرک کی دونوں جانب بستیاں بس گئی ہیں اور ماہم سے باندرہ کا سفر ہر غیر ملک کا سفر نہیں معلوم ہوتا۔ پل جو پہلے تنگنائے غزل کی طرح تھا، آزاد نظم کی طرح وسیع و فراخ ہو گیا ہے۔

اس سٹرک سے مشرق کی طرف جانا ہو تو ویسٹرن ہائی وے پر مڑ جائیے (ویسٹرن ہائی وے جنکشن کے قریب سال میں دو یا کم سے کم ایک مرتبہ، ایک موٹر فروری کھاڑی میں گرتی اور دو تین دن تک تیرتی رہتی ہے) اور مغرب کی طرف جانا ہو تو اس سٹرک پر مڑ جائیے جو ہائی وے نہ ہوتے ہوئے بھی، بہت ہائی وے ہے۔ اس کے بہت ہائی وے ہونے کی وجہ یہ ہے کہ یہ سٹرک کرشن چندر کے نام سے منسوب کر دی گئی ہے۔ کرشن چندر مارگ بالکل ریجبل اور ریجبل سٹرک ہے۔ کرشن چندر کی دو فرلانگ لمبی سٹرک کی طرح۔ (اس میں پیچ و خم زیادہ ہیں۔ سیدھی سٹرکیں صرف چند جگہ اچھی معلوم ہوتی ہیں۔ سٹرکوں کی نئی فلاسفی یہ ہے کہ اس پر جتنے زیادہ موڑ ہوں گے، اتنے ہی زیادہ حادثے ہوں گے۔)

کرشن جی ہمارے پہلے ادیب ہیں جو ابنی ڈگری کے ساتھ ادب میں داخل ہونے تھے اور برسوں کرشن چندر ایم اے کے نام سے لکھتے اور چھپتے رہے، پھر معلوم نہیں کیا بات ہوئی کہ وہ صرف کرشن چندر لکھنے پر راضی ہو گئے۔ اور کئی دن تک لوگ پوچھتے رہے کہ کیا یہ وہی کرشن چندر ہیں جو پہلے ایم۔ اے تھے۔ اسے بعض لوگ تو یہ بھی کہتے تھے کہ چونکہ وہ اردو کے ادیب تھے

اس لیے انھیں اپنی انگریزی کی ڈگری استعمال کرنے سے منع کردیا
گیا تھا۔ بیسویں صدی کے ادیبوں کا حساب رکھا جائے تو کرشن چندر
جی نے ان ادیبوں میں سب سے زیادہ لکھا۔ کوئی .. کتابیں ان کے
قلم سے نکلیں، یہ بجائے خود ایک کارنامہ ہے۔ لیکن کرشن جی کا اصل
کارنامہ ان کی تصنیفات نہیں، اُردو زبان سے بے پناہ محبت ان کا
کارنامہ ہے۔ جن دنوں یہ مشہور ہوگیا تھا کہ اُردو کے رسم الخط بدلنے
کی تجویز کو اُردو کے مشاہیر ادیبوں اور شاعروں کی تائید حاصل
ہے، انھیں دنوں کرشن جی نے یہ اعلان کیا تھا کہ زبان ماں ہوتی ہے
اور مائیں نہیں بدلی جاتیں"

کرشن چندر مارگ پر تین عناصرِ اربعہ کی بہتات ہے۔ آب وباد
دخاک کی یہاں کمی نہیں۔ بحرِ عرب مستقل طور پر بہتا رہتا ہے اور
ہوا کی وہ بہتات ہے کہ پلین بغیر اڑائے خود بخود اڑتے ہیں۔ رہی
مٹی تو سٹرک خود ہی مٹی کی بنی ہوئی ہے، اور عناصرِ اربعہ، تو یہ
کرشن چندر کے نام میں موجود ہے۔ یہ وہی آگ ہے، جو اَن داتا،
جب کھیت جاگے اور داد رہی کے بچے" جیسی تحریروں میں روشن ہے"
کرشن چندر مارگ اسی جگہ سے گزرتی ہے جہاں سرکس کا ڈیرا
لگایا جاتا ہے، یہ بھی ایک اتفاق ہے۔ کرشن جی کو جانوروں سے بڑا
لگاؤ تھا۔ "گدھے کی سرگزشت" کے علاوہ انھوں نے "باون ہاتھی"
بھی تو لکھی تھی، جس میں انھوں نے لکھا تھا" ہندستان کے رہنماؤں
کی طرح ہاتھی کا جسم بڑا اور دماغ چھوٹا ہوتا ہے (کرشن چندر جی
مروّت کے آدمی تھے) اسے اس بات کا پتا نہیں ہوتا کہ اس کا اگلا

قدم کیا ہوگا، وہ کیا کرنا چاہتا ہے۔ ہندستانی رہنماؤں کی طرح وہ ہمیشہ اپنے آپ کو اندھیرے میں پاتا ہے اور روشنی کی تلاش میں خود کو بھٹکتا ہوا محسوس کرتا ہے۔ کبھی کبھی اس کے دماغ میں روشنی کی ایک کرن آجاتی ہے لیکن پھر جس سرعت سے روشنی اندر آتی ہے، اسی سرعت سے واپس چلی جاتی ہے۔ آئندہ جب بھی یہاں سرکس ہوگا، کم از کم ان دنوں میں ہاتھی روشنی کی کرنوں سے محروم نہیں رہیں گے۔

غسلیات میں انھوں نے جتنی بھی شکایتیں کی ہیں، یہ سڑک ان سب کا ازالہ کر سکے گی۔ پورا سمندر کا سمندر موجود ہے جس کا جی چاہے، جتنا چاہے نہالے، ورنہ کرشن جی نے کہا تھا، میں اس زمانے کا انتظار کر رہا ہوں جب لوگ ہاتھوں کی انگلیاں پانی سے تر کر لیا کریں گے اور فخریہ لہجے میں احباب سے ذکر کریں گے کہ "لو بھئی! آج ہم نہائے۔"

کرشن چندر جی کی ناول پودے کی قیمت بھی اس سڑک پر ادا کی جاسکتی ہے اور کیا تعجب جس طرح یہ سڑک کرشن چندر مارگ بن گئی ہے، اسی طرح اس پر چند پودے لگائیں جائیں اور یہی پودے یوکلپٹس کی ڈالی، جامن کے پیڑ اور یادوں کے چنار بن جائیں، سمندر کے کنارے، کوئی وائلن بجائے اور نغمے کی موت کو آواگون نصیب ہو لیکن کاغذ کی ناؤ اب کوئی نہ بنائے، یہ کھیل بہت ہو چکا۔

کہنے جاتے تو ہیں پر دیکھیے کیا کہتے ہیں

وجد صاحب ۱۹۱۲ء میں پیدا ہوئے۔ یہ واقعہ اتنا سخت تھا کہ ۲ سال کے اندر رہی جنگ عظیم چھڑ گئی۔ وہ زمانہ تھا ہی شاید بڑے واقعات کا۔ ڈیجا پور میں جس کا اصلی نام بیضا پور اور ریلوے اسٹیشن کا نام ردٹے گانو ہے اردو کے ایک بڑے شاعر کا پیدا ہونا اتنا ہی اہم واقعہ ہے جتنا جنگ عظیم کا ہونا۔ ایسا معلوم ہوتا ہے اردو کے بڑے شاعر، ادیب اور محقق چھوٹے چھوٹے شہروں بلکہ دیہات میں جنم لینا زیادہ پسند کرتے تھے۔ اس میں شک نہیں ایسی جگہوں پر پولیوشن کم ہوتا ہے لیکن اب آپ ہی بتائیے کہ گونڈہ بھی کوئی جگہ تھی اصغر صاحب جیسے شاعر کے پیدا ہونے کی۔ ڈپٹی نذیر احمد اچھے خاصے معقول آدمی تھے، لیکن وہ گونڈے سے بھی زیادہ بے ڈھنگے نام کے موضع میں پیدا ہوئے۔ وہ ضلع بجنور میں کوئی جگہ تھی ریہڑ۔ ریہڑ بھی کوئی نام ہوا! مولوی عبدالحق کو اپنی ولادت کے لیے ہاپڑ نام کی جگہ موزوں معلوم ہوئی۔ خود پریم چند بنارس کے کسی بے نام گانو میں پیدا ہوئے۔ اب ہندستان کے نقشے میں ڈھونڈنے بیٹھیے، یہ جگہیں کیا

جمال جو مل جائیں۔ یہ جگہیں تو ریلوے ٹائم ٹیبل میں بھی جگہ نہیں پاتیں۔ ایسے لوگوں کا خاصّہ یہی رہا ہے کہ وہ اسی طرح چپکے چپاتے پیدا ہو جاتے ہیں اور خاموشی ہی سے اپنا کام کرتے رہتے ہیں۔ لاؤڈ اسپیکر لگا کر اعلان نہیں کرتے کہ دیکھو میں کام کر رہا ہوں۔ اور نہ اپنا کوئی پی۔ آر۔ او مقرّر کرتے ہیں۔ وجد صاحب بھی اِن لوگوں کی دیکھا دیکھی اونٹے گانو میں پیدا ہوئے اور خاموشی کے ساتھ اپنی آواز بلند کرتے رہے۔ تشہیر کی انھیں ضرورت پیش نہیں آئی۔ شہرت ان کے پاس خود ٹائزم کی طرح آئی اور عمر قید کی سزا کی مستوجب قرار پائی۔ جو لوگ کاسۂ دریوزہ گری لے کر نہیں گھومتے، گولڈ کپ کے مستحق قرار پاتے ہیں۔ (خواہ سونا کتنا ہی مہنگا کیوں نہ ہو جائے)

وجد صاحب کی خاموشی مترنّم خاموشی تھی جس کا سلسلہ ۱۹۳۰ء سے شروع ہوا۔ ان کا ترنم دوسروں کو خاموش کر دیتا تھا۔ بالکل ساکت۔ اور لوگ ان سے ایلورا، اجنتا اور تاج محل سنا کرتے تھے۔ یہ بات تو لوگوں کو وجد صاحب کی وجہ سے معلوم ہوئی کہ ایلورا، اجنتا اور تاج محل دیکھنے کی نہیں سننے کی چیزیں ہیں۔ لوگ دور دور سے ریل کا ٹکٹ لے کر اورنگ آباد اور حیدرآباد جاتے اور ان سے یہ چیزیں سنتے تھے۔ رقاصہ کو بھی انھوں نے (کسی مصلحت کی بنا پر) سننے کی چیز بنا دیا تھا۔ آپ بھی سنیے۔

بدن زندگی کا چھلکتا پیالا — چمن کی بہاروں نے پھولوں میں پالا
لبوں کو نزاکت کے قالب میں ڈھالا — امنگوں کی لہروں پہ باہر نکالا
نگاہوں کی جنت دلوں کا اجالا — جمالِ اجنتا! جلالِ ہمالا
اٹھی موج سے کی طرح انجمن میں
تڑپنے لگیں بجلیاں جان و تن میں

قدِ دل ربا حسن بے باک چنچل — ہلالی بھنویں روئے روشن پہ بیکل
مدیرا بھرے نین مستی سے بوجھل — لطافت مجسم، جوانی مکمل
نظر شعر، رفتار نغمہ مسلسل — چھنکتے ہیں گھنگھرو جھنکتی ہے پایل

عجب رنگ سے روٹھ کر من رہی ہے
سرِ بزم قوسِ قزح بن رہی ہے

"رقاصہ" کو اس سے پہلے کسی نے اتنے غور سے نہیں دیکھا تھا۔ ویسے سراپا کے موضوع پہ کئی بے سروپا نظمیں موجود ہیں۔

یہاں ایک واقعہ سن لیجیے۔ ۱۹۵۹ء کا ہے۔ ایک مرتبہ اتفاق یہ ہوا کہ وجد صاحب، بمبئی سے اورنگ آباد جا رہے تھے۔ میں جل گاؤں جا رہا تھا اور حسن اتفاق سے (اس میں واقعی حسن تھا) اسی ٹرین سے ستارہ دیوی آگرہ جا رہی تھیں۔ وہ ریلوے پلیٹ فارم پر چلتی بھی تھیں تو معلوم ہوتا تھا رقص کر رہی ہیں۔ (فن اسے ہی کہتے ہیں) ایک ہی کمپارٹمنٹ میں سفر شروع ہوا اور میں نے وجد صاحب سے کہا کہ اگر آپ نے انھیں آج "رقاصہ" نہیں سنائی تو آپ کی نظم ضائع جائے گی اور شاید ان کا رقص بھی۔ اور یقین مانیے ستارہ دیوی جو ہیں ہی سیماب صفت، نظم سن کر اضطراری طور پر بیٹھے بیٹھے رقص کرنے لگیں۔ میں تو تھوڑی دیر بعد اٹھ کر چلا آیا، لیکن اس کے بعد ان دونوں فن کاروں میں کیا باتیں ہوئیں، تاریخ اس بارے میں خاموش ہے۔ لنچ کے وقت البتہ ڈائننگ کار میں ساتھ نظر آئے۔

وجد صاحب سے میری واقفیت تو خیر اتنی پرانی نہیں لیکن دید و شنید بہت اور ضرورت سے زیادہ پرانی ہے۔ میں جب اپنے وطن، جالنہ کے تحتانیہ مدرسہ میں پڑھتا تھا۔ حضرت وجد بھی وہیں کے مدرسہ فوقانیہ میں زیر تعلیم تھے۔ یہ وہاں کیوں گئے تھے، تاریخ اس بارے میں بھی خاموش ہے، لیکن یہ بات بہر حال طے ہے کہ انھوں

نے پری میٹرک جالنہ ہائی اسکول ہی سے کامیاب کیا اور میں اس بات پر فخر کرنے میں حق بجانب ہوں کہ یہ میرے وطن کے مدرسہ فوقانیہ کی تعلیم کا نتیجہ تھا کہ وجد صاحب اورنگ آباد سے میٹرک میں اچھے نمبروں سے کامیاب ہوئے ۔ وہ فٹ بال بھی کھیلا کرتے تھے (اور فٹ بال ہی وہ تنہا کھیل ہے جس میں سر کا بھی استعمال کیا جاتا ہے) وہ صوبہ واری ٹورنامنٹ میں ویجاپور کی نمائندگی کرتے تھے۔ ممکن ہے اپنی ٹیم کے کپتان بھی رہے ہوں کیونکہ کسی اور کی کپتانی میں تو کھیلنا انھیں گوارہ نہ ہوتا۔

کیا تلخ و دل گداز حقیقت ہے زندگی
دل چسپ و دل نواز فسانہ چلا گیا

یہ میرا نہیں انھیں کا شعر ہے

جب مجھے یہ اطلاع ملی کہ وجد صاحب اورنگ آباد انٹرمیڈیٹ کالج سے انٹر کا امتحان کامیاب کرکے حیدرآباد چلے گئے ہیں اور تحقیق سے یہ بات سچ ثابت ہوگئی تو میں نے اورنگ آباد کالج میں داخلہ لیا کیونکہ میں ان سے ہمیشہ محتاط ہی رہا ہوں اور آج بھی جبکہ پانچ دہائیوں سے زیادہ کا عرصہ گزر چکا ہے، موصوف مجھے مدرسۂ تحتانیہ ہی کا طالب علم سمجھتے ہیں اور یہی نہیں کہ ان کی یہ رائے یا اس قسم کی رائے صرف میرے بارے میں ہے، بہتوں کے بارے میں وہ ایسی ہی بلکہ اس سے زیادہ بری رائے رکھتے ہیں اور اسے اپنی رائے نہیں فیصلہ سمجھتے ہیں۔

جامعہ عثمانیہ حیدرآباد میں بھی میں اُس وقت شریک ہوا جب یہ یونی ورسٹی کو خیرباد کہہ چکے تھے، لیکن ان سے رسمی اور باضابطہ تعارف جامعہ عثمانیہ کی نئی عمارت کے افتتاحی جشن کے موقع پر ہوا اور وہ کافی چیں بہ جبیں ہوئے کیونکہ

میرا تعارف ایک شاعر اور اورنگ آباد کالج کے مندوب کی حیثیت سے ہوا تھا۔ اسے انھوں نے اپنی ہتک پر محمول کیا۔ انھیں بالکل اندازہ نہیں تھا کہ یہ سب باتیں میری یادداشت میں محفوظ ہو رہی تھیں۔ ان کی پانچویں مشہور نظم "جامعہ عثمانیہ کے مزدوروں کا پیغام" اسی وقت کی پیداوار ہے اور مجھے پھر فخر کرنے دیجیے کہ یہ نظم بھی انھوں نے مجھ سے ملنے کے بعد کہی۔ انسپریشن کے بغیر اچھی نظم کہنا مشکل ہوتا ہے اور اچھی نظمیں مجھے دیر تک یاد رہتی ہیں۔

نونہالانِ چمن! اہلِ ہنر جاتے ہیں ۔۔۔ جوش زن قلب میں ہے شوقِ سفر جاتے ہیں
صورتِ خاک رہے مثلِ شرر جاتے ہیں ۔۔۔ یہ بھی معلوم نہیں ہے کہ کدھر جاتے ہیں

لو چلا قافلۂ کوہ کنِ خانہ بدوش
کل سے ہو جائیں گی تیشوں کی صدائیں خاموش

جوش و اخلاص سے کی کوششِ پیہم ہم نے ۔۔۔ نظمِ کہسار کیا درہم و برہم ہم نے
کوہِ غم ٹوٹ پڑے پر نہ کیا غم ہم نے ۔۔۔ کر دیا قوم کا اک خواب مجسم ہم نے

ہم نے نقشِ ہوسِ خام نہیں چھوڑا ہے
کام چھوڑا ہے کہیں نام نہیں چھوڑا ہے

جب میں جامعہ عثمانیہ میں شریک ہو گیا اور میری دوستی وجد صاحب کے جگری دوست اشفاق حسین مرحوم سے ہو گئی تو وجد صاحب کو میرے ساتھ اپنے رویے میں نرمی برتنی پڑی۔ مجبوری آدمی سے کیا نہیں کرواتی۔ وجد صاحب کے دوستوں میں تنہا اشفاق حسین تھے جن کے آگے کی مشرقی تہذیب، مغربی طریقۂ خورونوش شمالی اور جنوبی رکھ رکھاؤ سب کے سب دھرے رہ جاتے تھے۔ وجد صاحب کا حیدرآباد سول سروس میں انتخاب ہو چکا تھا اور وہ حیدرآباد کے مشہور و معروف ہوٹل ویکا جیز میں قیام پذیر تھے۔ ویکا جیز میں ان دنوں صرف امرا اور کبھی

کبھی شرفا جایا کرتے تھے۔ طلبہ کا جانا بہر حال بعید از قیاس تھا۔ لیکن میں اشفاق حسین مرحوم کے ہمراہ ضرور جایا کرتا تھا۔ وجد صاحب ان دنوں اپنا کلام صرف اشفاق حسین کو سنایا کرتے تھے۔ کوئی اور فرمایش کرتا تو اس کی طرف حیرت سے دیکھتے تھے صرف وہ مردِ آہن اشفاق حسین تھا جسے وجد صاحب اصرار کرکے اپنا کلام سناتے اور اس کی معقول قیمت ادا کرتے تھے۔ میرے لیے الگ سے پیسٹری اور چائے آتی تھی جسے میں اخلاقاً نہیں، اتفاقاً نوشِ جاں کیا کرتا تھا۔ افسوس ہے کہ ایسا واقعہ صرف دو یا تین مرتبہ ہی ہوا۔

سول سروس میں منتخب ہو جانے پر آدمی سویلین کہلاتا ہے۔ میں کہ جس کی انگریزی اردو کی طرح کمزور تھی، سویلین کے معنی غیر فوجی کے سمجھتا تھا۔ لیکن وجد صاحب نے میرے غلط قصے بھی غلط کر دیے۔ انھیں منصفی کے لیے منتخب کیا گیا تھا اور حیدر آباد میں۔ انصاف رسانی کے محکمے کے عہدہ داروں کا غیر معمولی حد تک کم آمیز ہونا ضروری تھا۔ (حیدر آباد میں انصاف رسانی اور آب رسانی کے فرق کو ہمیشہ ملحوظ رکھا گیا) وجد صاحب جو کہ پہلے ہی سے الگ تھلگ رہنے کے شوقین تھے منصف بننے کے بعد اور بھی کم آمیز بلکہ ناآمیز ہو گئے۔ کسی کو بھی ملنے کا موقع دیتے تو اس سے پہلے ہی کہہ دیتے شاعری کی بات مت کرنا۔ وہ بے چارہ چپ بیٹھا رہتا۔ کیونکہ قانون کی بات تو وہ کرنے سے رہا۔ میں نے تو ایک مرتبہ کہا بھی کلام الٰہی سننے کی لوگوں کو اتنی سہولت حاصل ہے لیکن آپ کا کلام سننے میں اتنی دقتیں پیش آتی ہیں نہیں سمجھے۔ اس لیے نہیں سمجھے کہ یہ بات میں نے ان سے کبھی کہی ہی نہیں۔ ہر شاعر میں انا ہوتی ہے لیکن الف سے ہوتی ہے، ان کی انا، عین سے تھی۔

وجد صاحب کو اپنی ٹریننگ کے سلسلے میں عالمِ نوجوانی میں لکھنؤ جانا پڑا اس وقت ان کی شہرت وہاں پہلے پہنچ چکی تھی۔ کیونکہ شہرت ٹرین سے سفر

نہیں کرتی۔ لکھنؤ میں دکن کے اِس شاعر نے وہ رنگ جمایا کہ جعفر علی خاں اثر جیسے مسلّم الثبوت استاد کو کہنا پڑا" وجد کی نظمیں، اجنتا، تاج محل، علی ساگر، عبدالرزاق لاری باقی رہنے والی چیزیں ہیں۔" میرا خیال ہے اور غالباً صحیح خیال ہے کہ وجد دکن کے پہلے اور تنہا شاعر ہیں جو شمال کی طرف گئے، ورنہ عام طور سے شاعر، شمال سے دکن آیا کرتے تھے۔

اس زمانے میں وجد صاحب اس لیے بھی اہمیں ۔اگز دور رکھتے تھے کہ ان کے پرستاروں کی کمی نہیں تھی اور ان میں ایک سے ایک قدآور شخصیت موجود تھی اور ان میں سروجنی نائیڈو تھی تھیں جنھوں نے ان کے بارے میں کہا تھا" وجد کی مشہور نظم اجنتا، حسن خیال، زور بیان اور رفعتِ فکر کا شاہکار ہے۔" محترمہ نے تعریف تو وجد صاحب کی کی اور سرفخر سے ہمارا اونچا ہوا اور مجھے تو وہی جالنہ ہائی اسکول کی پری میٹرک کی تعلیم والی بات یاد آگئی۔ بنیادی تعلیم کی بڑی اہمیت ہوتی ہے۔ سروجنی نائیڈو کون تھیں، سبھی جانتے ہیں، لیکن یہاں مجھے ذرا سی آزادی چاہیے۔ اتفاقاً پاکستان کے ایک ادیب مختار مسعود کی کتاب "آوازِ دوست" نظر سے گزری۔ ایک پیراگراف دیکھ کر دل اچھل پڑا۔ چند جملے آپ بھی سُنیے۔

"کعبۂ دل میں ایک روز جھانکا تو دیکھا کہ ایک صنم نے وہاں گھر کرلیا ہے ہمیں گمان تھا کہ دورِ آذری ختم ہوئے مدت بیت چکی ہے اور اِس عرصے میں دل اگر صحنِ مسجد نہ بن سکا تو کیا غم، کم از کم بتکدہ تو نہیں رہا۔ اب جو یہ گمان غلط نکلا، اپنے ہی بارے میں لاعلمی پر تشویش ہوئی۔ یہ کس کا بت ہے جو اب تک سلامت ہے اور نہاں خانۂ دل میں کیسے آن چھپا ہے۔ میں نے آگے بڑھ کر نظر ڈالی تو یہ بت ایک دیوی کا نکلا۔ دبلی پتلی، بوٹا قد، تنگ دہن، آنکھیں

کشادہ اور روشن، بالوں میں گھنگھریں اور چھوٹا سا جوڑا گردن پر ڈھلکا ہوا ہے، جوڑے میں جڑاؤ پھول ہیں اور گلے میں موتیوں کا ہار، بائیں ہاتھ کی پہلی انگلی میں بڑی سی انگوٹھی ہے، ساری کا پلّو کاندھے پر کلپ سے بندھا ہوا ہے صورت من موہنی، پہلی نظر میں پُراثر، دوسری میں پُراسرار، میں نے جب بھی اس بُت کو دوسری بار نظر بھر کر دیکھا تو صورت ہی بدلی ہوئی تھی۔ ایک بھاری سانولی معمرعورت نے سلک کی سلیٹی ساری باندھی ہے۔ پلّو سر پر ہے اور نصف چہرہ اس میں چھپا ہوا ہے۔ اس نے دائیں ہاتھ سے ایک خوش نما قوس بنائی اور اسے ابرو کے سامنے لاکر سر کی ہلکی سی جنبش کے ساتھ مسلم یونی ورسٹی کے اراکین کو جو وکٹوریہ گیٹ میں صف بستہ کھڑے تھے یوں آداب کیا گویا وہ مسلم تمدن کا مُرقع ہے یا شائستگی کا مجسمہ۔ آداب کرتے ہوئے ساری کا پلّو چہرے سے ڈھلک گیا تو ہم نے پہچانا یہ سروجنی نائیڈو ہیں۔"

سروجنی نے تقریر شروع کی اور ان کے پہلے ہی فقرے پر سب لوگ چونک اٹھے۔ پہلی بات پوری ہوئی تو ہم لوگ دنگ رہ گئے اور سروجنی کے ساتھ آنے والوں پر سکتہ طاری ہوگیا۔ کہنے لگیں میں آج مسلم یونی ورسٹی علی گڑھ میں کئی لوگوں کے مشورے کے خلاف اور چند لوگوں کی دھمکی کے باوجود حاضر ہوئی ہوں۔ مجھے علی گڑھ کی ضلعی اور یوپی کی صوبائی کانگرس نے پہلے مشورہ اور پھر حکم دیا کہ تم مسلم یونی ورسٹی کا دورہ منسوخ کردو۔ انھیں یہ بات بھول گئی کہ گورنر کی حیثیت سے میں اب کانگرس کی ممبر نہیں رہی لہٰذا نہ ان کی رائے کی پابند ہوں نہ ان کے ضابطے سے مجبور اور میں کسی کی دھمکیوں کو کب خاطر میں لاتی ہوں۔ میں حاضر ہوگئی ہوں۔ بلبل کو چمن میں جانے سے کون روک سکتا ہے۔ ہم نے بلبلِ ہند کی بات سنی تو خدا کا شکر بجالائے۔

پاسباں مل گئے کعبے کو صنم خانے سے

وجد صاحب کا وطن جیسا کہ اس کے محلِ وقوع سے ظاہر ہے اورنگ آباد سے ۳۸ میل اس طرف ہے یعنی بمبئی کی طرف۔ اس لیے بمبئی کی کشش بہت پہلے انھیں بمبئی کھینچ لے گئی۔ وہ کچے دھاگے میں بندھ کر ادھر نہیں گئے، لیکن شرعی رشتے میں بندھے چلے گئے۔ اس میں بھی انھوں نے احتیاط یہ کی کہ ایسے مکان کا انتخاب کیا جو ۲ منزلہ تھا اور آج کی ۱۰ منزلہ عمارتوں سے بھی زیادہ اونچا تھا۔ علاوہ ازیں اس میں لفٹ بھی نہیں تھی۔ کوئی ان سے ملنے جا ہی نہیں سکتا تھا۔ اس عمارت میں ایک خوبی یہ تھی کہ یہ مکتبہ جامعہ کے نزدیک تھا اور وجد صاحب جو اپنی تنخواہ صرف دواؤں اور کتابوں کے نسخوں پر خرچ کیا کرتے تھے، پیدل ہی چل کر مکتبہ جامعہ جاتے تھے اور سڑک پار کرنے میں اتنا وقت ضرور صرف کرتے تھے کہ دکان بند ہو جاتی تھی۔ اس کا صلہ انھیں ایک دن اچھا مل گیا۔ جے جے اسپتال کے نکڑ پر بڑی احتیاط سے سمٹے سمٹائے کھڑے ہو کر یہ سوچ رہے تھے کہ ۸ منٹ ہو گئے ہیں اب سڑک پار کر لینی چاہیے کہ اتنے میں ایک نوجوان سیکل سوار نے اخلاقاً ان کے ٹکر ماری اور اتنی زور سے سیکل کا پیڈل ان کی پنڈلی میں لگا کہ وجد صاحب "لہو ترنگ" ہو گئے۔ یہ تو خیر ہوا، لیکن اس نوجوان نے بجائے اس کے کہ ان سے معافی مانگتا یا ہمدردی کرتا، ان سے کہا "حضت دیکھ کر نہیں کھڑے ہونا!" وجد صاحب کو کئی انجکشن لینے پڑے۔ کچھ تو ڈاکٹر نے دیے اور کچھ انھوں نے اپنی پسند سے لیے۔ وجد صاحب دواؤں کا انتخاب بھی اپنی پسند سے فرماتے ہیں اور غالباً اسی وجہ سے ان کے دیرینہ رفیق ڈاکٹر موفق الدین کو ترکِ وطن کرنا پڑا۔

بمبئی میں انھوں نے ایک کار بھی رکھی تھی لیکن کوئی شوفر ان کے یہاں

۱۵ دن سے زیادہ نہیں رہا اور جتنے دن رہا وہ ہیں ستم ہائے صاحبِ کار رہا۔ کیونکہ یہ کار میں کبھی نچلے نہیں بیٹھے ہدایت کار کی طرح بیٹھتے اور دورانِ سفر میں شوفر کے کندھے سے اپنا ہاتھ ہرگز ہرگز نہیں ہٹاتے۔ ان کے سبھی شوفر شولڈر پین (Shoulder Pain) کا شکار ہوئے اور آخر ایک دیدہ دلیر شوفر نے ایک دن ان سے کہے بغیر ان کی کار فروخت کر دی اور اپنے استعفے کے ساتھ ایک قیمتی چک بھی ان کی نذر کر دیا۔ یہ خود اگر اپنی کار بیچتے تو شاید ہی انھیں اتنی قیمت ملتی کیونکہ انھیں صرف تاؤ آتا ہے بھاؤ تاؤ نہیں آتا۔ اس دیدہ دلیر، بلکہ دیدہ ور شوفر کی وجہ سے کئی لوگوں کی جان بچی ورنہ ان کی ہدایتوں کی روشنی میں تعجب تو اس بات پر ہوتا تھا کہ کوئی ایکسی ڈنٹ کیوں نہیں ہوا۔

ان کی وجہ سے ہیر آئل کی صنعت کو بھی ہمیشہ خطرہ رہا۔ جب یہ نانڈیڑ میں تھے تو ایک نوجوان لیکن مسکین شاعر کی اِن کے ہاں بہت آمد و رفت تھی ایک دن بدقسمتی سے اس نے لوما لگا کر ان کے گھر کا رُخ کیا۔ وجد صاحب کو چاہیے تھا یعنی انصاف کا تقاضا یہ تھا کہ اس شاعر کو واپس کر دیا جاتا لیکن انھوں نے اپنی نظروں کے سامنے اس کا سر صابن سے دھلوایا اور خوش ہوتے رہے۔ یہ جب تک نانڈیڑ میں رہے، وہ شخص سر کے سفید بالوں ہی پر قانع رہا حالانکہ یہ اس کے کھانے کھیلنے کے دن تھے۔ لیکن اس سے زیادہ اہم اور قومی مسئلہ تو اس وقت کھڑا ہوا جب وجد صاحب نے اپنا مجموعۂ کلام "بیاضِ مریم" خود اپنے دستِ شفقت سے لکھ کر چھپوایا اور ہندستان کے سارے خوشنویس سہم کر رہ گئے۔ وجد صاحب اس وقت ایم۔ پی تھے اور لوگوں کو روزگار فراہم کرنا یا کم سے کم اس کی کوشش کرنا ایک ایم۔ پی کے فرائض میں داخل ہوتا ہے۔ بہ ہر حال شکر ہے کہ بات صرف ایک مجموعۂ کلام کی کتابت تک محدود رہی

انھیں خود بھی اندازہ ہوگیا کہ خوشنویسی شوق کی چیز نہیں، عرق ریزی کا کام ہے وجد صاحب کے بارے میں سبھی جانتے ہیں کہ یہ بے حد خوش خط ہیں اور زمانۂ طالب علمی میں مولوی عبدالحق صاحب کی طرف سے جعلی خط لکھ لکھ کر لوگوں کی ملازمت کی سفارش کیا کرتے تھے اور مولوی صاحب کو صرف اس وقت پتا چلتا تھا جب وہ غرض مند شخص اپنا کام ہو جانے پر ان کا شکریہ ادا کرنے ان کی خدمت میں حاضر ہوتا تھا۔

وجد صاحب کے اِس ۷۰ سالہ جشن پر میں اس لیے بھی خوش ہوں کہ میں جو ہمیشہ ان کی ہی سنتا رہا ہوں آج کچھ کہہ سکا۔ غالب نے کہا ہے

زبانِ اہلِ زباں میں ہے مرگ خاموشی

(اورنگ آباد میں یہ ۱۲ر دسمبر کو جشن وجد کے دوسرے اجلاس میں پڑھا گیا)

ادھر بھی دیکھ تماشا ہے میری کم سخنی

اچھا چلیے میں اخلاقاً ۱۹۷۰ء سے پہلے کا حساب چھوڑے دیتا ہوں لیکن ستمبر ۱۹۷۰ء سے دسمبر ۱۹۸۲ء تک کے حساب کو آپ کیا کریں گے۔ یہ پورے سوا بارہ سال ہوتے ہیں۔ (گرم ممالک میں تو یہ سنِ بلوغ کی عمر ہے) اتنی لمبی مدت میں بھی اپنے کلام کا کوئی دوسرا مجموعہ پیدا نہ کرنا ہندستان اور پاکستان کے جملہ شاعروں میں سے اگر کسی سے ممکن ہے تو وہ صرف مجروح سلطان پوری ہیں۔ انھیں غزل کہنے پر جتنا عبور حاصل ہے اتنا ہی قابو انھیں غزل نہ کہنے پر بھی ہے۔ اللہ کی دین ہے۔ ایسا منصفانہ طرزِ عمل کسی اور شاعر کے ہاں نہیں دیکھا گیا۔ حساب فہمی کے لیے ستمبر ۱۹۷۰ء کو بنیادی سال (Base Year) قرار دینے کی وجہ صرف یہ ہے کہ اس سال کے مہینے میں شاعر کے اکلوتے مجموعۂ کلام کا پانچواں اڈیشن تولّد ہوا تھا۔ جو صحت، وزن اور خدوخال کے لحاظ سے اپنے بزرگ اڈیشنوں سے بہتر تھا اور غالباً شاعر نے اس اڈیشن کی طباعت کے موقع پر کہا تھا ؎

اب سنور کے نکلے گا حُسن کارخانے سے

(کارخانے سے کوئی بیوٹی پارلر نہیں، تاج پریس بمبئی مراد ہے)۔ یوں بھی پانچ کے ہندسے کا میں بڑا معتقد ہوں۔ لکھنے میں یہ ہندسہ دل کی شکل کا ہوتا ہے اور روانی سے لکھا جائے تو حلقۂ دامِ خیال نظر آتا ہے۔ آدمی مختلف طریقوں کے ساتھ اس عدد کے ساتھ رشتۂ ازدواج میں بندھا ہوا ہے۔ سب سے پہلے تو یوں کہ ہمیں اپنی روزمرّہ کی ضروریات کے لیے پانچ حواس عطا ہوئے ہیں (کچھ لوگوں کے حصّے میں چھٹی حس بھی لکھی ہوئی ہے لیکن یہ صرف ان لوگوں کے لیے مفید ثابت ہوئی ہے جن کا جرائم سے قریبی تعلق ہوتا ہے)۔ اللہ نے جنھیں توفیق دی ہے وہ پنج وقتہ نماز پڑھتے ہیں یا کم سے کم دن میں پانچ مرتبہ شرمندہ ہو لیتے ہیں۔ (سنا ہے عرقِ انفعال کے یہ قطرے بھی درجِ حساب ہوتے ہیں)۔ پنجتن کے لفظ میں تقدس ہے۔ پانچ پارے تاریخی اہمیت کے حامل ہیں۔ پانچ دریاؤں کی آبی اور پنج شیل کی آفتابی اہمیت سے انکار کرنا مشکل ہے۔ بڑے سے بڑے جھگڑے میں خواہ وہ زیور کا ہو یا دیور کا، پنچ جو کہہ دیں وہ اٹل اور پھر ہماری یہ مشہور و معروف پانچ انگلیاں جن کے بارے میں اس قدیم شکایت کا کہ یہ پانچوں برابر نہیں ہوتیں اب تک کوئی حل ڈھونڈا نہیں جا سکا۔ یہ برابر ہو بھی کیسے سکتی ہیں جب کہ ان کے مفوضہ فرائض کی نوعیت اور ان کا طریقۂ استعمال مختلف ہے۔ ایک انگلی گھی نکالنے کے کام آتی ہے بشرطیکہ ٹیڑھی کی جائے (یہ آسان ہے کیونکہ ہم ہر کام ٹیڑھا ہی کرتے ہیں)۔ ایک نشان ابہام کے لیے مخصوص ہے۔ ایک انگلی انگشتری کے لیے محفوظ ہے (یہی سب سے غیر محفوظ انگلی ہے) اور باقی کی دو انگلیاں انگشت نمائی کی مہم میں مصروف رہتی ہیں۔ اتنی ساری مثالوں کے پیشِ نظر اگر کسی کتاب کا پانچواں اڈیشن طلوع ہوتا ہے تو ظاہر ہے سمجھنا چاہیے کہ درِ اختر کھلا۔ "غزل" کا پانچواں اڈیشن چھپا بھی کچھ ایسا نفیس تھا کہ اس میں پرانی غزلیں بھی قندِ اوّل کا مزا دیتی ہیں۔ صحیح تاریخ مجھے اب تک یاد ہے، وہ ۱۰ اکتوبر ۱۹۷۱ء تھی جب میں نے بدورانِ اظہار

تشکر، شاعر سے دوسرے مجموعۂ کلام کی فرمائش بھی کر دی تھی۔ (داد دینے کا یہ بھی ایک طریقہ ہوتا ہے) لیکن مجروح سلطان پوری نے بلا کسی تکلف کے مجھ سے کہہ دیا تھا، غزل یونہی نہیں کہہ لی جاتی اور وہ اب تک اپنی اس بات پر قائم ہیں۔ (اہلِ زبان اپنی زبان پر ہمیشہ قائم رہتے ہیں) ۔ وضعداری کی بے شمار قسمیں ہیں اور ان میں سے ایک یہ بھی ہے۔ ایسا نہیں ہے کہ اس عرصے میں انھوں نے غزلیں نہیں کہی ہیں۔ ضرور کہی ہیں کبھی اپنی مرضی سے اور کبھی رشید صاحب کے کہنے سے لیکن صرف غزلیں کہی ہیں کوئی مجموعۂ کلام نہیں کہا ہے۔ (مجموعۂ کلام میں ذرا زیادہ کلام ہوتا ہے)۔

مجروح سلطان پوری اصل میں غزل کو بہت مقدس چیز مانتے ہیں اور اسے بس کبھی کبھار ہی چھوتے ہیں۔ ان کی غزل، غزل کہاں ہوتی ہے سالانہ بیلنس شیٹ ہوتی ہے "یا نقوش" کے خاص نمبر کی طرح کی طویل وقفوں کی کوئی چیز۔ اگر وہ اپنی غزل کو ماہ نامہ نہ سہی، سہ ماہی کی بھی شکل دے سکتے تو ان ۱۲ سالوں میں ان کا نصف سیکڑہ (جس کے لیے کرکٹ کھلاڑی جان کی بازی لگا دیتے ہیں) ضرور مکمل ہو جاتا لیکن یہ ریاضی انھیں کون سمجھائے۔ خود ہی کہتے ہیں:

ادھر بھی دیکھ تماشا ہے میری کم سخنی

حساب کا مضمون انھوں نے پڑھا ضرور ہوگا لیکن توجہ اردو اور شاید اردو سے زیادہ فارسی پر رہی۔ اسی لیے ان کا ذہن فارسی اشعار کے لیے خوش گوار حد تک سازگار ہے۔ ابھی کچھ دن پہلے انھوں نے میری تنبیہ (جس کو وہ تصحیح کہتے ہیں) کے لیے غالب کا ایک فارسی شعر مجھے سنایا کہا آپ نے اپنے مضمون میں ایک جگہ لفظ گجک لکھا ہے جب کہ صحیح لفظ گزک ہے اور اس سے پہلے کہ میں اپنی اس غلطی کو حسبِ دستور کتابت کی غلطی بیان کرتا انھوں نے حسبِ عادت، سند میں ایک شعر پڑھ دیا:

ہرچہ فلک نہ خاست ہیچ از فلک نہ خاست
ظرفِ فقیہہ مے نہ جست بادۂ ما گزک نہ خاست

مجروح صاحب نہ بھی کہتے تو بھی میں سمجھ جاتا کہ یہ شعر غالب ہی کا ہو سکتا ہے کیونکہ اس کا مطلب میری سمجھ میں نہیں آیا اور بھی کئی موقعوں پر میں ان سے غالب، حافظ، عرفی اور بیدل کے شعر سنتا اور سہتا رہا ہوں۔ میں نے اگر اپنا یہ بھرم قائم کر رکھا ہے کہ میں فارسی شعر بھی سمجھ لیتا ہوں تو اس کا یہ مطلب نہیں کہ مجھے فارسی ہی کے شعر سننے پڑیں اس لیے مجبوراً ان سے ایک دن کہنا پڑا کہ غالب کے فارسی شعر تو آپ نے کتنے ہی سنا دیے ذرا بیدل کا بھی ایک اردو شعر عطا ہو جائے۔ بولے مجھے ان کا کوئی اردو شعر اس وقت یاد نہیں آ رہا ہے لیکن آپ کو اگر برنارڈ شا کا کوئی ترکی فقرہ یاد ہو تو ضرور سنائیے۔

میرا گمان یہ ہے کہ غزل، مجروح سلطان پوری کا فن نہیں ایمان ہے۔ وہ غزل کے خلاف کوئی لفظ سن بھی لیتے ہیں تو دوسرے کان سے اسے خارج نہیں کر دیتے۔ (حالانکہ دوسرا کان بھی استعمال کرنا چاہیے)۔ غزل کہ ہر کسی کی ہوس اور جبر کا نشانہ رہی وہ اسے اب بھی عفیفہ اور خود اپنے آپ کو اس کی عفت و عصمت کا سیکورٹی گارڈ سمجھتے ہیں۔ وہ غزل کی تائید میں ایسی ایسی خوفناک باتیں کہتے ہیں کہ اس بیچاری پر رحم آنے لگتا ہے۔ کسی دن ایک نقاد سے کہہ دیا کہ آپ کو غزل کا علم تو ہے لیکن عرفان نہیں ہے۔ وہ شخص عرفان کی تلاش میں اب تک نگر نگر گھوم رہا ہے (حالانکہ اسے گھر بیٹھنا چاہیے)۔ غزل کی مخالفت میں اگر کسی نے آج سے ۳۰، ۴۰ سال پہلے بھی (جوشِ جوانی میں) کوئی بات لکھ دی یا کہہ دی تھی وہ اب تک ان کے دل میں ایک تیرِ نیم کش کی طرح موجود ہے اور وہ اس کی خلش کا اظہار مختلف طریقوں سے کیا کرتے ہیں۔

غزل کی تائید میں پہلی خوفناک بات تو یہ ہوگی کہ غزل میں اکہرا شعر نہیں ہوتا۔

چلیے یہ بات سمجھ میں آگئی۔ (میں سمجھتا ہوں اکہرا ہونا اور دُہرا ہونا ایک ہی بات ہے اور دُہرا ہونا عام طور پر پسند کیا گیا ہے) ۔ بہر حال ان کی بات اس لیے ماننی پڑتی ہے کہ غزل میں صرف، شعر ہوتے ہیں چونکہ یہ سب دہرے ہوتے ہیں اس لیے بلحاظ مقدار ۱۴ شعر تو ہو ہی گئے ۔ (یہ حسن کلام نہیں حسن انتظام بھی ہے) ۔ خوفناک بات نمبر (۲) یہ ہوگی کہ غزل میں دو لخت شعر کی گنجایش نہیں ہے ۔ یہ بات البتہ سمجھ میں نہیں آئی (سمجھ میں تو پہلے بھی نہیں آئی تھی) ۔ شعر میں دو مصرعے ہوں گے تو شعر دو لخت ہوگا ہی خواہ یک لخت ہی کیوں نہ کہا جائے اور تیسری خوفناک بات وہ یہ کہیں گے کہ غزل کے اشعار میں اَن کہی بات زیادہ ہوتی ہے ____ گئے کام سے ۔ اس کا مطلب یہ ہوا کہ ہم جیسے سادہ دل بندے تو غزل سمجھ ہی نہیں سکتے ۔ میں اسی لیے اکثر موقعوں پر سکوت اختیار کرتا ہوں فائدہ یہ ہوتا ہے کہ اسے سکوتِ سخن شناس سمجھا جاتا ہے ۔ مزید برآں یعنی اس پر مستزاد، وہ کہتے ہیں کہ غزل کا شعر سن کر ایک کیفیت طاری ہونی چاہیے ____ ہوئی نا لڑائی کی بات ۔

اپنے آپ پر اپنی مرضی سے اس قسم کی پابندیوں کو عائد نہیں، مسلط کر لینے اور خود احتسابی کی شدید تکلیف میں مبتلا ہونے کی وجہ سے مجروح کا تخلص انھیں زیب دیتا ہے ۔ وہ واقعی بُری طرح گھائل ہوئے ہیں ۔ اپنے ہی ہاتھوں ۔

ان کے معاملے میں ایک عجیب واقعہ یہ ہوا ہے کہ فرد سے منفرد بننے میں عام طور پر کافی بلکہ کافی سے کچھ زیادہ ہی وقت لگتا ہے لیکن مجروح اس سفر میں بہت زود قدم رہے اور یارانِ تیز گام کے منزل پر پہنچنے سے پہلے دو چار دن پہلے وہاں پہنچ گئے ۔ ساتھ میں رختِ سفر کم ہو تو رفتار تیز رہتی ہے ۔ ایسا معلوم ہوتا ہے وہ اکیلے ہی جانبِ منزل چلے تھے ۔ (اکیلے چلنے میں کوئی حرج نہیں سمت ٹھیک ہونی چاہیے) اور کارواں جو بعد میں بنا کسی اور روٹ سے منزل پر پہنچا ۔ مجروح سلطان پوری یوں بھی پیچھے دیکھ کر

چلنے کے عادی نہیں ہیں ـــــ اس میں بھی ان کا فائدہ ہی ہوا انھیں اپنے پانو کی زنجیر نظر نہیں آئی ـــــ وہ اس صدی کے چوتھے دہے میں ہی غزل کی آبرو سمجھے جانے لگے تھے ـــــ یہ سخن فہمی ہی نہیں زود فہمی بھی تھی ـــــ ٹوپی اگر سلیقے سے پہنی جائے تو کج کلاہی کا اسلوب اختیار کر لیتی ہے ـــــ کچھ لوگوں کی ٹوپی دوسروں کے دھکے لگنے کی وجہ سے یا خود اپنی خداداد کجروی کی وجہ سے ٹیڑھی ہو جاتی ہے (اسے کج کلاہی نہیں مانا جا سکتا)۔

مجھے کبھی کبھی شبہہ ہوتا ہے کہ ان کے ادبی شجرے میں کہیں نہ کہیں مومن خاں مومن کا نام ضرور ہونا چاہیے۔ وجہ ظاہر ہے وہ حکیم تھے یہ بھی حکیم ہیں (آدمی ایک مرتبہ حکیم ہو جائے تو وہ ہمیشہ کے لیے حکیم ہو جاتا ہے) ـــــ وہ پٹھان تھے یہ بھی اسرار احمد خاں ہیں (ممکن ہے کبھی پُراسرار احمد خاں بھی رہے ہوں ورنہ ٹانڈہ سے جہاں یہ مطب کرتے تھے، نقلِ مقام کیوں کرتے)۔ مومن خاں مومن ستارے دیکھتے تھے۔ صرف رات میں۔ یہ ایک قدم آگے ہیں اور دن رات دیکھتے ہیں لیکن فلمی ستارے۔ فلمی ستارے بھی ستارے ہی ہوتے ہیں کیونکہ ٹوٹتے دونوں ہیں اور گردش میں بھی دونوں رہتے ہیں۔ محمد حسین آزاد نے "آبِ حیات" کی سبیل لگائی تو مومن خاں مومن کو جام و مینا دینا تو دور رہا انھیں اوک سے بھی کچھ نہ پلایا۔ مجروح اس معاملے میں بھی مومن خاں مومن کے جلیس اور رفیقِ کار ثابت ہوئے۔ جیسے شعر کہیں گے داد بھی ویسی ہی ملے گی۔ کیوں کہا تھا۔

اے فصلِ جنوں ہم کو پئے شغلِ گریباں
پیوند ہی کافی ہے اگر جامہ گراں ہے

ادب کا میدان بھی کوئی سطحِ ایسٹرو ٹرف نہیں ہے بلکہ اس میں تو مین ہول بھی ہیں۔ غالب کے عہد میں یقیناً آج کی طرح بیسیوں شاعر ہوں گے لیکن امتدادِ زمانہ (اور

استبداد زمانہ) سے بچ بچا کر صرف تین شاعر ہم تک پہنچ پائے ۔ ذوق، غالب اور مومن ۔ ذوق نے بہت کہا اور نقصان سہا ۔ غالب نے جتنا بھی کہا مصطفیٰ خاں شیفتہ نے اس میں سے بھی کچھ منہا کر دیا (جمع تو وہ کر نہیں سکتے تھے) ۔ مومن خاں نے البتہ جو کہا جوں کا توں محفوظ ہے ۔ ذوق کو طرف دار ملے غالب کو سخن فہم تو خیر ملے ہی لیکن علم بردار تعداد میں زیادہ ملے اور مومن خاں مومن کو صرف جوہری ملے ——— یہاں مجھے رک جانا چاہیے ۔ ہر چیز کی ایک حد ہوتی ہے اور میری رائے میں صرف غزل ہی میں نہیں ، اَن کہی یا ادھ کہی باتوں کی نثر میں بھی گنجایش ہوتی ہے ۔

مومن خاں مومن کا چونکہ تذکروں میں زیادہ ذکر نہیں ہے اس لیے کہا نہیں جا سکتا کہ انھیں اپنے مخالفین پیدا کرنے کا ہنر آتا تھا یا نہیں ۔ انھیں آتا ہو یا نہیں مجروح صاحب کو اچھا خاصا آتا ہے اور کبھی کبھی جی چاہتا ہے کہ انھیں مبارکباد دی جائے ۔ وہ فرازِ دار پہ بھی ہوں گے تو ان کے تنقیدی کلمات کا سلسلہ جاری رہے گا ۔ ہر بات میں مین میخ نکالنا ، اگر یہ گر کسی کو سیکھنا ہو تو اسے ۶ ۔ چینائے کالونی جوہو تارا روڈ ۔ بمبئی ۴۹ ۰۰ ۴۰۰ کا پتا یاد رکھنا چاہیے ۔ وہاں اس مضمون کی باضابطہ کوچنگ کا تو انتظام نہیں ہے لیکن کبھی کبھی توسیعی لکچر ضرور ہوتے ہیں اور ایک راز کی بات یہ بھی ہے کہ یہ جگہ اودھی کھانوں کے لیے بھی مشہور ہے (آج کل ہر راز کھلا راز ہوتا ہے) ۔

شاعر کو شعر کہنے کا زیادہ شوق نہیں لیکن بلا ضرورت سچ کہنے کا کافی شوق ہے ۔ وہ مزے لے لے کر ہر ایسی بات ضرور کہتے ہیں جو نہ کہی جائے تو نظامِ شمسی کے درہم برہم ہونے کا کوئی خدشہ نہیں لیکن انھیں ہے ——— ثبوت ؟ کہیے کتنے ثبوت پیش کروں ۔ ایک مرتبہ اردو اکادمی کے جلسے میں انھوں نے قرابین داغ تھی (یہ وہ قرابین نہیں تھی جو خواجہ حیدر علی آتش ایک مشاعرے میں اپنے ساتھ لے گئے تھے ۔ اتفاق

سے وہ بھی تہنیتی مشاعرہ تھا۔ وہ اصلی قرابین تھی اور یہ زبانی) ۔ ہوا یہ کہ انھیں اور راجندر سنگھ بیدی کو غالب ایوارڈ کے دیے جانے پر اردو اکادمی نے ایک تہنیتی تقریب منعقد کی اور ساتھ ہی میں ان شاعروں کا بھی استقبال کیا گیا جو کینیڈا جاکر آئے تھے۔ بیدی صاحب کو خیر پتا ہی نہ تھا کہ کیا ہو رہا ہے لیکن مجروح صاحب کی پریشانی یہ تھی کہ کینیڈا جاکر واپس آنے پر تہنیت پیش کرنے کا کیا جواز ہے؟ (وہ ہر بات کی سند مانگتے ہیں اور سند نہ ہو تو خود کے کہے کو مستند مانتے ہیں) جلسے میں تقریر کرنے کھڑے ہوئے تو پہلی بات انھوں نے یہی پوچھی اور سند مانگی۔ کچھ نمک مرچ بھی ساتھ لائے تھے استعمال کر ڈالا۔ وہ تو کہیے جعفری صاحب نے عمر عیاری کی زنبیل سے نسخۂ کیمیا نکال کر بات نباہ لی اور مجروح ہی کے مصرعے سے تقریر شروع کی۔ "مزا تو جب ہے کہ جو کہیے برملا کہیے" —— نتیجہ یہ نکلا کہ تقریب تقریب ہی رہی، تخریب نہیں ہوئی —— آخری رسوم کی ایک مذہبی مجلس میں آپ میرے برابر ہی کھڑے تھے۔ سب لوگ ہمہ تن گوش ہیں اور آپ چپکے سے میرے کان میں فرماتے ہیں کیا کرخت آواز ہے۔ وہ تو اچھا ہوا کہ یہ بات انھوں نے اتنی آہستہ کہی کہ میرے دوسرے کان تک بھی نہیں پہنچی۔ کہیں ذرا اونچی آواز سے کہتے تو ہماری بھی آخری رسوم ساتھ ہی میں ہو جاتیں۔

مجروح سلطان پوری نے کچھ دنوں طبابت بھی کی ہے اور کہا جاتا ہے جہاں یہ طبابت کرتے تھے اس علاقے کی آبادی کو ایک خاص حد کے آگے کوئی خطرہ نہیں تھا اس زمانے میں بھی وہ غزل کے مخالفین کو خاصی تکلیف دہ اور قریب قریب مہلک دوائیں دیتے تھے اور یہ کہہ دیتے تھے کہ شفا اللہ کے ہاتھ ہے لیکن جب لوگ ان کی یہ دوائیں بھی ہنستے کھیلتے سہہ گئے تو انھیں اندازہ ہوا کہ غزل کی بقا اور حفاظت کے لیے بحث و مباحثے کے دروازے تو کھولے جا سکتے ہیں لیکن کوئی مطب نہیں

کھولا جا سکتا۔ اس "ذوگرمیِ سخن" کے ساتھ کون سا مطلب قائم رہ سکتا تھا جوان کا رہتا۔ ممکن ہے مومن خاں مومن کے ساتھ بھی کوئی ایسا ہی واقعہ پیش آیا ہو ورنہ آج حکیم اجمل خاں کے نسخوں کی طرح حکیم مومن خاں کے بھی دو چار نسخے ہمارے زیرِ استعمال یا کم سے کم علم میں رہتے۔ ان کا ایک نسخہ تو آج بھی محبوب و مقبول ہے لیکن یہ ان کے کلام کا نسخہ ہے۔ کوئی طبیب یا حکیم جب معتبر شاعر بن جاتا ہے تو اس کا یہی نسخہ بار پاتا ہے خواہ اس نسخے کا نام دیوان مومن ہو یا 'غزل'۔

تجھے نہ مانے کوئی تجھ کو اس سے کیا مجروح
چل اپنی راہ بھٹکنے دے نکتہ چینوں کو

مجروح خبر کر دمرے خرمن کے خوشہ چینوں کو نہیں کہتے —— وہی ٹیڑھی ٹوپی! طبیب بھی بیمار ہوتے ہیں (پرانا رواج ہے)۔ مجروح نے یہ شعر غالباً اس وقت کہا تھا جب وہ قدرے علیل تھے

مرے ہاتھ ہیں تو بنوں گا میں خود اپنا ہی ساقیِ مے کدہ
خم غیر سے تو خدا کرے لبِ جام بھی میرا تر نہ ہو

مجھے غزل کا عرفان نہیں اور نہ آیندہ ہو گا لیکن میرا خیال ہے اس شعر کا مطلب یہی ہو گا کہ شاعر کو یونانی طریقۂ علاج پر اتنا بھروسا ہے کہ وہ ایلوپیتھک دواؤں کا مرہونِ منت نہیں ہونا چاہتا —— اپنا اپنا مزاج ہے۔

دوا کی حد تک یہ استغنا اور اعتقاد تو خیر ٹھیک ہے لیکن غزل گوئی کے معاملے میں دوسروں کے مشوروں پر بھی عمل کرنا پڑتا ہے اس لیے اب بلا تامل دوسرے مجموعۂ کلام کی تاریخ طے ہونی چاہیے —— ۱۹۸۲ء کیسا رہے گا اور یہ تو سبھی جانتے ہیں کہ ناکردہ گناہوں کی حسرت کی طرح ناگفتہ اشعار کی داد بھی نہیں ملا کرتی اس لیے یہ طے ہے کہ " کام چل نہیں سکتا اب کسی بہانے سے"۔

وہ نام خدا سر سے ہیں تا ناخنِ پاگرم

ظ انصاری اُردو ادب بلکہ اُردو دنیا میں اس تناور درخت کی طرح ہیں جس کی جڑیں کافی اندر تک پھیلی ہوئی ہیں۔ اس لیے یہ کہنا صحیح نہ ہوگا کہ یہ درخت جتنا زمین کے اوپر ہے، اتنا ہی زمین کے اندر بھی ہے۔ درخت علامت ہے)۔ یہ کیفیت بہت کم لوگوں کو نصیب ہوتی ہے۔ ظ انصاری اصل میں اُردو ادب کے امراض کہنہ میں سے ہیں۔ (بعض امراض صحت کی نشانی ہوتے ہیں)۔ ظ انصاری امراض کی اس فہرست میں اُس وقت لکھے گئے جب انہوں نے تحقیق، تنقید، تبصرہ، ترجمہ، تدریس، سوانح نگاری، خاکہ کشی، لغت نویسی، صحافت، ادارت، خطابت، صدارت اور اناؤنسنگ جیسے مشاغل سے جائز و ناجائز تعلق پیدا کیا۔ اگر ان کی شخصیت اتنی پہلو دار نہ ہوتی تو انہیں کسی نہ کسی پہلو تو قرار آجاتا۔ (ظ انصاری سیفِ قلم اور تیغِ زبان دونوں ہتھیاروں سے مسلح ہیں۔ محتاط اور مشاق لوگ ہمیشہ دو اوزار ساتھ رکھتے ہیں)۔ لذتِ تقریر اور قوتِ تحریر

کی یکجائی کی بدولت وہ دو آتشہ بن گئے ہیں۔ اس پر ان کا مزاج — وہ ہمیشہ آتش زیرِ پا رہے ہیں۔ تقریری حادثوں نے تقریر کا اتنا خوگر بنا دیا ہے کہ وہ کہیں بھی بیٹھیں، یہ سمجھتے ہیں ڈائس پر بیٹھے ہیں جس طرح غالب خلوت کو انجمن سمجھتے تھے، غالب شناس ظوئے انصاری بھی دو آدمیوں کے ایک جگہ جمع ہو جانے کو مجمع سمجھتے ہیں۔ وہ اپنی تقریر کے لیے تیسرے آدمی کا انتظار نہیں کرتے۔

خوبیوں کے متعلق نئی تحقیق یہ ہوئی ہے کہ خوبیاں بھی منفی اور مثبت ہوا کرتی ہیں۔ (اب سارے اوصاف، اوصافِ حمیدہ نہیں ہوا کرتے۔ ان میں سے کچھ اوصاف خمیدہ بھی ہوتے ہیں)، مثلاً انکساری منفی خوبی بتائی گئی ہے۔ ظ انصاری کے ہاں ان منفی اور مثبت خوبیوں کا عجیب و غریب امتزاج ہے۔ ان کی انکساری میں تعلّی، اعتراف میں انحراف، اقرار میں انکار، سیدھے پن میں ٹیڑھ اور بزرگی میں بال ہٹ، یہ ساری چیزیں ان کی خصوصی خاصیتیں ہیں۔ وہ ہر بات کچھ ایسے ڈھب، ڈھنگ اور ٹھاٹ سے کہتے ہیں کہ وہ "سچ"، معلوم ہونے لگتی ہے۔ یہ ساری اندازِ گفتگو برسوں کی ریاضت کا پھل ہے — اور ہر پھل کا میٹھا ہونا ضروری نہیں۔

ظ انصاری میں وہ طاقت ہے جو حرف کو لفظ بناتی ہے۔ حرف "ظ" کی اس سے زیادہ تشہیر و تکبیر کبھی نہیں ہوئی تھی۔ ظ انصاری سے پہلے حرف "ظ"، صرف املے کی غلطی کے کام آیا کرتا تھا۔ اب یہ انشا کی غلطی کی غلطی کے طور پر مستعمل ہے۔ ان کا اس سے زیادہ کمال اور کیا ہوگا کہ انگریزی میں بھی ظوئے انصاری

(Zoe Ansari) ہی ہیں۔ زیڈ انصاری نہیں۔ جس طرح حرف 'ق' سے کوہِ قاف ذہن میں آتا ہے اسی طرح اب 'ظ' سے ظوئے انصاری ہی ذہن میں آتے ہیں۔ (یہ بھی کسی پہاڑ سے کم نہیں)۔ ان ہی کی طرح کے ایک اور صاحب بھی اُردو میں مشہور ہیں۔ ل احمدؔ انگریزی میں ایل احمد ہو جاتے ہیں۔ ظوئے انصاری میں کم سے کم یہ قباحت نہیں ہے۔

ظوئے انصاری کا ۴۰ سالہ علمی ادبی سفر کدوکاش سے بھرپور اور ان کی اپنی زندگی "رنگ و رامش" سے معمور ہے۔ فکر و ذہن کی روشنی کے ساتھ ساتھ کام و دہن کی لذت بھی نصیب ہوئی ہے۔ (یہ بیان ادھورا معلوم ہوتا ہے لیکن ہے نہیں)۔ وہ عمر کی اس منزل پر بھی ایسے تر و تازہ ہیں، جیسے ابھی ابھی سنِ شعور کو پہنچے ہوں۔

ظوئے انصاری سہارن پور کے محلے انصاریہ میں پیدا ہوئے۔ ایسا معلوم ہوتا ہے سہارن پور کے محلہ انصاریہ میں قاعدہ قانون بہت سخت تھا۔ وہاں پیدا ہونے کی کچھ شرائط تھیں۔ یا تو ہر شخص کا انصاری ہونا ضروری تھا یا بعد میں اس طرف منتقل ہونا لازمی تھا۔ (محلہ انصاریہ نہ ہوا نمک کی کان ہو گیا)۔ ظوئے انصاری کا اصل نام بھی کچھ نہ کچھ تو ہوگا ہی کیونکہ سہارن پور کے محلہ انصاریہ میں نام بھی رکھے جاتے تھے، لیکن چونکہ ظوئے انصاری گفتگو میں طوالت اور نام میں بخالت کے قائل ہیں، اس لیے انھوں نے اپنے آپ کو حرف بنا لیا (وہ اگر حرف کی بجائے خود کو نقطہ بھی بنا لیتے تو کوئی

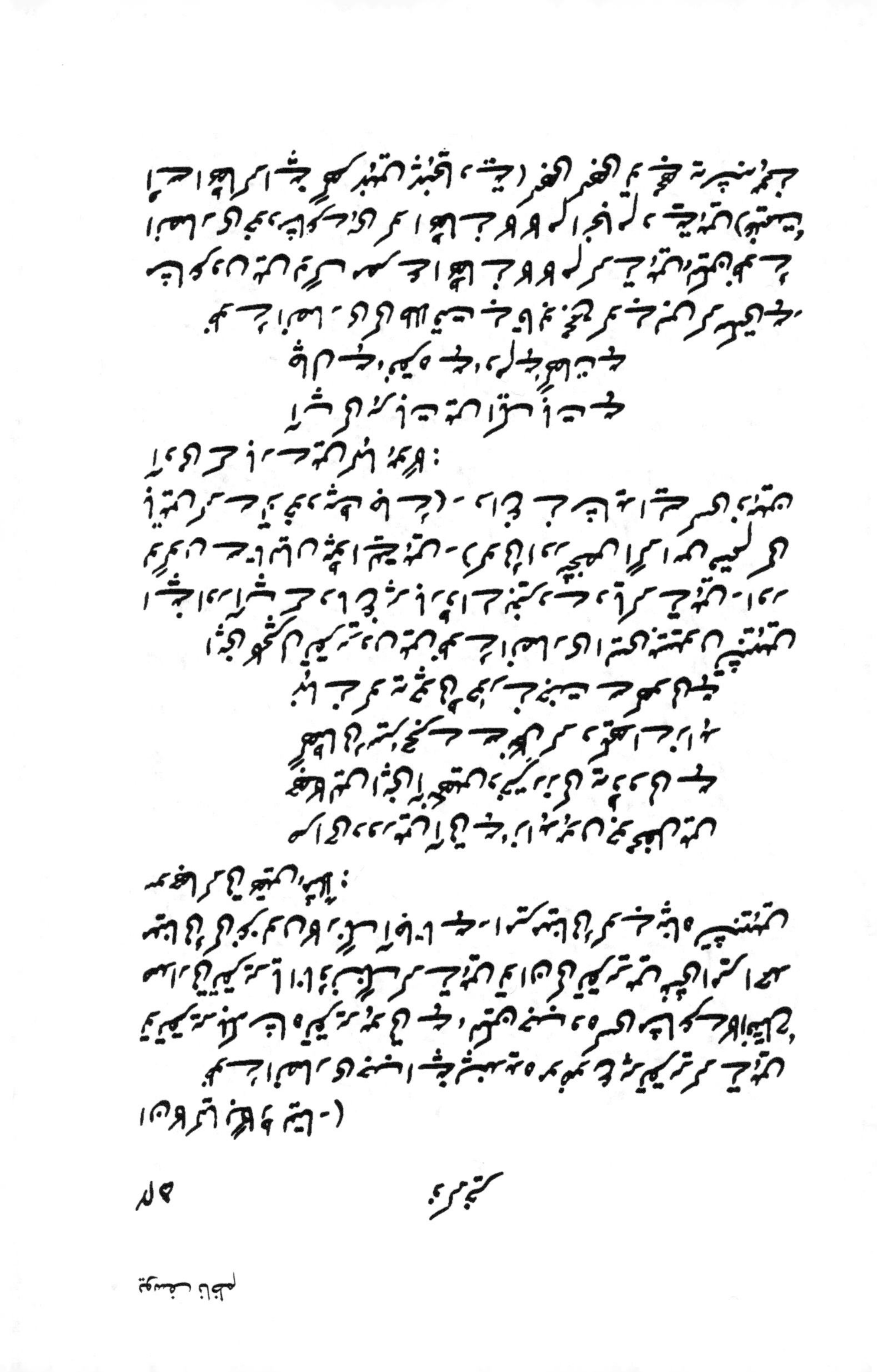

[illegible]

لگتا ہے کہ جب ان کے پاس موضوع نہ ہو تو ان کی طبیعت زیادہ موزوں ہوتی ہے۔ بمبئی کے مضافات میں ایک جگہ ہے ملاڈ۔ یہاں ہر سال ایک مشاعرہ ہوا کرتا ہے اور یہ اسی وقت ہوتا ہے جب شہر میں ظوئے انصاری موجود ہوں۔ ملاڈ کے ایسے ہی ایک سالانہ مشاعرے میں ظوئے انصاری تقریر کر رہے تھے۔ تقریر کیا کر رہے تھے، سیل رواں کی طرح بہہ رہے تھے۔ ان کی تقریر ختم ہی ہوئی تھی کہ مجمع میں سے ایک سردار جی جوش و خروش میں ڈائس پر آئے اور انھوں نے ظوئے انصاری کو مائک پر سے ایک طرف ہٹا کر کہا کہ ایسی تقریر انھوں نے پہلے کبھی نہیں سنی تھی۔ (وہ آیندہ بھی نہیں سنیں گے) یہ کہہ کر سردار جی نے بڑی عقیدت اور احترام کے ساتھ ڈو روپے ظوئے انصاری کی خدمت میں پیش کر دیے۔ مجھے اس سے اندازہ ہوا کہ ظوئے انصاری سرداروں سے کتنا ڈرتے ہیں، یہ دو روپے انھیں جیب میں رکھنا پڑے۔ ظوئے انصاری تقریر کرتے وقت ہر لفظ کو پہلے تولتے اور پھر بولتے ہیں۔ وہ تولنا بھول سکتے ہیں۔ لیکن بولنا نہیں بھول سکتے۔ اسی سال اپریل کا واقعہ ہے کہ ایک ادبی تقریب میں صدر محفل نے مختلف اساتذۂ شعرا کا موازنہ اور ذکر کرتے ہوئے (غالباً رَو میں) داغ دہلوی کو ان کے مقام سے ہٹا کر اس جگہ کھڑا کر دیا، جہاں داغ بہت چھوٹے اور معمولی دکھائی دینے لگے۔ ظوئے انصاری بعد میں تقریر کرنے والے تھے۔ میں نے کاغذ کا ایک پرزہ ان کے پاس بھجوایا۔ ظوئے انصاری نے شرارت بھری مسکراہٹ کے ساتھ پرزہ نویس کی طرف دیکھ کر پرزہ صدر محفل کی خدمت میں پیش کر دیا اور صدر محفل کی طرف سے اجازت ملنے پر انھوں نے داغ کے بارے

میں وہ باتیں کہیں کہ داغ ہرا استاد سے آگے نکل گئے۔ غالب کے پرزے اڑ گئے۔

ایک مرتبہ میں نے انھیں تلاوت کلام پاک کے ایک بہت بڑے جلسے میں اناؤنسنگ کرتے دیکھا۔ مجمع اتنا زیادہ تھا کہ کو بریج پر لوگ دور دور تک پھیلے ہوئے تھے۔ میں بھی ڈائس سے کافی دُور تھا اور میری بینائی بتا نہیں پا رہی تھی کہ ظوئے ہیں یا نہیں۔ لیکن آواز کی کھنک، لہجے کی دھمک جملوں کی تراش خراش اور تشبیہوں کی قماش، یہ سب باتیں صاف کہہ رہی تھیں کہ یہ ظوئے انصاری کے سوا کوئی اور ہو ہی نہیں سکتا، اور وہ ظوئے انصاری ہی تھے۔ دُور دُور سے آئے ہوئے قاری انھیں حیرت سے دیکھ سن رہے تھے۔ قرأت کی اتنی ساری قسموں اور خوبیوں کا خود انھیں بھی علم نہ تھا۔

ظوئے انصاری جادوگر تو نہیں لیکن اس قبیل کے ضرور ہیں۔ میں جب کہتا ہوں کہ وہ ٹوپی میں سے خرگوش نکال سکتے ہیں، تو باقر مہدی رائے دیتے ہیں کہ نہیں وہ تو خرگوش میں سے ٹوپی نکال سکتے ہیں۔ باقر مہدی کی کسی اور رائے سے میں متفق ہوں یا نہ ہوں اس رائے سے ضرور متفق ہوں۔

ظوئے انصاری نے اب تک کوئی ۴۰ کتابیں لکھی ہوں گی۔ (ان میں مزید ۴۰ کتابیں لکھنے کی گنجایش موجود ہے)۔ تدریس کی مصروفیت کے ساتھ اس قدر لکھنا نئی زبانیں سیکھنا، اُن پر عبور حاصل کرنا اور کبھی کبھی اچھا لکھنا معمولی بات نہیں۔ لکھنے پڑھنے میں اس بری طرح مبتلا ہونے کے باوجود ظوئے انصاری میں وہ

تمام حسیں برقرار ہیں جن پر آدمی کی سلامتی کا دارو مدار ہوتا ہے،
بلکہ ان میں تھوڑی بہت حسِ مزاح بھی پائی جاتی ہے اور وہ کبھی
کبھی ہنس بھی لیتے ہیں، یہ اور بات ہے کہ ان کی ہنسی بڑی دل خراش
ہوتی ہے۔ اب حسوں کا ذکر آیا ہے تو سن لیجیے کہ خطوؔے انصاری
اس معاملے میں بہت خوش قسمت ہیں۔ ان کی قوتِ شامہ کا یہ حال
ہے کہ وہ کسی کتاب کو سونگھ بھی لیں، تو وہ اس کے معائب و محاسن سے
پوری طرح واقف ہوجاتے ہیں۔ حسِ ذائقہ کے بارے میں میں ادھورا
بیان دے ہی چکا ہوں۔ اصل میں ان کی حسِ ذائقہ ان کی قوتِ باصرہ
اور لامسہ کی دین ہے۔

رہی قوتِ سامعہ تو خطوؔے انصاری ہر وہ بات سن لیتے ہیں،
جو ان کے متعلق کسی نے کہیں بھی نہ کبھی ہو۔ مجموعی طور پر ان کی جملہ معلومات
میں سماعی معلومات کی مقدار بہت زیادہ ہے۔ بہت زیادہ پڑھے
لکھے لوگوں میں یہ وصف ہوتا ہے کہ وہ کسی مضمرشے سے پرہیز کریں یا نہ
کریں، عام آدمی بننے سے ضرور پرہیز کرنے لگتے ہیں۔ جو شخص ۲۴ گھنٹے
ادیب، شاعر، نقاد و نبار ہے گا، وہ آدمی کب بنے گا۔ لیکن خطوؔے انصاری
بنتے ہیں ایک آدھ گھنٹہ آدمی بننے میں تبکی محسوس نہیں کرتے۔ دن میں
اسی آدھے گھنٹے میں ان سے مل لیا کرتا ہوں۔ اپنی عافیت کبھے عزیز تر
نہیں ہوتی!)

بعض شرارت پسند لوگ کہتے ہیں، خطوؔے انصاری میں بناوٹ
بہت ہے۔ میں اسے نہیں مانتا۔ جو چیز نہ صرف رگوں میں دوڑنے لگے،
بلکہ آنکھوں سے بھی ٹپکنے لگے، وہ بناوٹ کیسے ہوئی؟ ہاں اگر اس

بناوٹ سے لوگوں کی مراد کپڑے کی بناوٹ ہے، تو ٹھیک ہے۔ کپڑے کی بناوٹ تو کپڑے کا وصف اور رشتہ ہوتی ہے، جس کے بغیر کپڑا صرف کپاس رہتا ہے، اور ظافر انصاری تو مکمل لباس ہیں۔

ظافر انصاری نے دنیا بھر کا سفر کیا ہے۔ یہ سفر وسیلۂ ظفر بنا یا نہیں اس سے مجھے سروکار نہیں۔ لیکن میں اتنا ضرور کہوں گا کہ ظافر انصاری سفر کے معاملے میں چوک جاتے ہیں۔ سنا ہے آج سے کوئی۔ بیس سال پہلے (اس وقت وہ نئے نئے دولھا بنے تھے)، بمبئی کی کیمونسٹ پارٹی کی دعوت پر جب وہ یہاں پہنچے تو وی آئی، پہنچنے سے پہلے بمبئی سینڈ ھرسٹ روڈ پر اُتر گئے کیوں کہ پارٹی کے آفس کا پتا سینڈ ھرسٹ روڈ لکھا ہوا تھا۔ منزل پر پہنچنے سے پہلے ہی سفر منقطع کرنے کی ان کی یہ عادت اب تک گئی نہیں ہے۔

ظافر انصاری چھٹیوں میں بمبئی سے کہیں با ہر چلے جا یا کرتے ہیں۔ (ایسے با مروت لوگ ہر جگہ نہیں ہوا کرتے)۔ شہر سے دور کسی ہالی ڈے کیمپ کو اپنا مستقر بناتے ہیں۔ اور اپنی "گمشدگی" کے زمانے میں سر کے بال تر شوانے ہیں۔ پوری طرح، اور داڑھی رکھ لیتے ہیں۔ آئینے کے سامنے گھنٹوں کھڑے رہ کر خود کو دیکھتے رہتے کا کوئی نہ کوئی تو بہانہ چاہیے۔ لیکن آئینے کے سامنے کھڑے ہو کر خود کو پہنچاننے کی ترکیب، صحیح ترکیب نہیں ہے۔

جو لوگ عینک کے عادی ہوتے ہیں، ان کے متعلق دوسرے لوگ سوچا کرتے ہیں کہ اگر آدمی کے چہرے پر ناک نہ ہوتی تو یہ لوگ عینک کہاں رکھا کرتے۔ مجھے ظافر انصاری کی عینک کی اتنی فکر نہیں جتنی ان کے غصے کی ہے۔ ناک نہ ہوتی تو یہ اپنا غصہ کہاں رکھتے۔۔۔۔

دنا کمل،

يوسف ناظم

جدید صوفی شاعر

اردو ادب میں قاضی بہت کم ہیں۔ ویسے ادیبوں اور شاعروں کی نام یا کنیت وغیرہ کے حساب سے صف بندی کی جائے تو بہت ہی چھوٹی چھوٹی صفیں بنیں گی۔ مثلاً چندر یہ بھی ہمارے ہاں چند ہی ہیں۔ پریم چند۔ گوپی چند۔ گیان چند اور بھارت چند۔ کپور تو شاید ایک ہی ہیں۔ باقی جو ہیں سب فلم انڈسٹری میں ہیں۔ اسی طرح قاضی بھی بمشکل دو یا تین ملیں گے۔ قاضی عبدالغفار کے بعد اب نثر میں قاضی عبدالستار اور شاعری میں قاضی سلیم کے علاوہ اور کوئی نظر نہیں آتا۔ ایک اور شاعرہ ہیں۔ لیکن وہ مینا پہلے اور قاضی بعد میں ہیں اور بہر حال مستورات میں سے ہیں۔ ہمارے ہاں خواتین قاضیوں کا رواج نہیں ہے اس لیے یہی سمجھا جائے گا کہ اس وقت اردو ادب میں دو ہی قاضی ہیں (یہ ہماری ضرورتوں کے لیے کافی ہیں)۔

قاضی سلیم اس خیال کے حامی ہیں کہ آدمی کے سر میں ہمیشہ کچھ نہ کچھ رہنا چاہیے۔ ان کے سر میں ہمیشہ "دردِ سر" رہتا ہے۔ (دردِ سر، سر کے علاوہ شاید کسی اور جگہ رہ بھی نہیں سکتا آدمی کے جسم کی ساخت ہی کچھ ایسی ہے۔ قاضی سلیم نے بہر حال اپنے دردِ

سر کو اس حد تک پہنچا دیا ہے کہ وہ خود دوا ہو گیا ہے۔ (یہ بُرا نہیں۔ بعض لوگ تو خود دردِ سر بن جاتے ہیں اور کسی دوا یا دعا سے رفع نہیں ہوتے)۔

قاضی سلیم نے جالنہ ہائی اسکول سے میٹرک کیا۔ وہ زمانہ ہی کچھ ایسا تھا کہ طالب علم نقل کیے بغیر بھی کامیاب ہو جایا کرتے تھے۔ ممکن ہے اس زمانے میں جوابی پرچے نہ جانچے جاتے ہوں کیونکہ ممتحنوں کو معلوم تھا کہ لڑکے پڑھا کرتے ہیں۔ استاد بھی لڑکوں کو دل لگا کر پڑھایا کرتے تھے۔ اس زمانے میں مخلوط تعلیم تھی ہی نہیں۔ اب البتہ استادوں کی توجہ بٹی رہتی ہے۔ قاضی سلیم جامعہ عثمانیہ سے انٹر کرنے کے بعد علی گڑھ چلے گئے ـــــ آج سے ۴۰، ۵۰ سال پہلے علی گڑھ جانا کسی طرح بھی سات سمندر پار جانے کے مرحلے سے کم مرحلہ نہیں ہوا کرتا تھا اور خاص طور پر اورنگ آباد دکن سے کسی کے علی گڑھ جانے کی خبر سے تو سارے شہر، بلکہ ساری ریاست میں صفِ حیرت بچھ جایا کرتی تھی۔ (صفِ حیرت بھی ایک صف ہوتی ہے گو یہ زیادہ مقبول نہیں ہے)۔ یہ ان کی زندگی کا پہلا نقطۂ گردش تھا۔ علی گڑھ سے انھوں نے اِل ال بی کی ڈگری اس لیے حاصل کی تھی کہ انھیں آگے چل کر وکالت نہیں کرنی تھی۔ کسی بھی یونیورسٹی کے دستور میں یہ نہیں لکھا ہے کہ قانون کی ڈگری حاصل کرو گے تو وکالت کرنی ہی پڑے گی۔ قاضی سلیم اس راز سے واقف تھے، لیکن انھوں نے اپنے خطرناک ارادوں سے اپنے اہل خاندان کو بے خبر رکھا تھا۔ (وہ شروع ہی سے سیاسی آدمی تھے)۔

تعلیم سے متمتع ہونے کے بعد قاضی سلیم اورنگ آباد میں رہنے بسنے لگے۔

ولی اور سراج کے اس شہر میں ۱۹۵۰ میں بھی قاضی سلیم اس وقت جدید نہ سہی، کچھ الگ قسم کے شاعر مشہور تھے۔ اس زمانے میں بقول شخصے' چونکانے والی شاعری شروع ہو رہی تھی۔ اور قاضی سلیم خاصے چونکانے والے' پسندیدہ اور مقبول شاعر تھے۔ لیکن

ال ال بی کی ڈگری ان کی شاعری میں ہمیشہ حارج ہو جایا کرتی تھی، کیونکہ یہ بہر حال ایک اہم اور ناقابل تنسیخ ڈگری ہوتی ہے' اور صاحبِ سند کی قانونی معلومات کچھ ہوں یا نہ ہوں' اسے کم سے کم اتنا تو جاننا ہوتا ہے کہ شہر کی عدالت کا محل وقوع کیا ہے! اور وہاں کس طرح بازارِ فوج داری گرم ہوتا ہے۔ قاضی سلیم نے بھی بوجہ سعادت مندی' کچھ دنوں شہر کی عدالت کو اس کا موقع دیا کہ وہ ان کے دیدار کا شرف حاصل کر سکے، لیکن ان کی طبیعت بہر حال ادھر نہیں آئی۔ وہ جب بھی عدالت جانے کے لیے گھر سے نکلتے، تھوڑی دیر بعد خود کو یعقوب عثمانی یا بشر نواز کی معیت میں پاتے۔ (نفع نقصان کی انھیں کبھی پروا نہیں رہی)۔ جب تمام لوگوں اور خاص طور پر ان کے موکلوں کو یقین ہو گیا کہ قاضی سلیم کسی طرح قابو میں آنے والے نہیں ہیں، تو انھوں نے باتفاق آرا، قاضی سلیم کو ان کے حال اور عوام الناس کی مرضی پر چھوڑ دیا۔ ہمارے ہاں عوام الناس ہمیشہ لیڈر کی ٹوہ میں رہتے ہیں۔ قاضی سلیم شاعر تو تھے ہی' سیاسی لیڈر بھی بن گئے اور جلد ہی وہ وقت آ گیا جب قاضی سلیم اور عوام' دونوں ایک دوسرے سے بے حد مطمئن ہو گئے اور دونوں کی باہمی مفاہمت رشتہ مناکحت کی صورت اختیار کر گئی۔ (پولیٹکل میرج)، قاضی سلیم کی زندگی میں یہ دوسرا نقطۂ گردش تھا۔ جب قاضی سلیم کو یقین ہو گیا کہ سیاسی زندگی میں اب عنقریب انھیں کوئی بڑی کامیابی حاصل ہونے والی ہے' تو انھوں نے زیادہ سے زیادہ وقت شاعری پر صرف کرنا شروع کیا۔ بلکہ بات اتنی بڑھ گئی کہ وہ خود اپنے وقت کے علاوہ' دوسروں کا وقت بھی اپنی شاعری کے لیے استعمال کرنے لگے۔ یہ نجات سے پہلے کے پہلے کی بات ہے۔ اس زمانے میں' ایم ال اے' بننا بھی انھیں گوارا نہیں ہوا۔ وہ اپنی مطلق شاعری کو مطلقہ شاعری بنانا کیسے گوارا کر لیتے! 'ام ال سی' بننے میں البتہ انھیں کوئی خطرہ محسوس نہیں ہوا۔

قاضی سلیم اپنے مجموعہ کلام کی اشاعت سے پہلے مستقل طور پر تخلیق، ترمیم اور تنسیخ جیسے اشغال میں مبتلا رہے۔ اپنے ایک مجموعہ کلام کی خاطر انھوں نے کم سے کم ۲ مجموعے ضرور منسوخ کیے ہوں گے۔ ان کا ایک مجموعہ کلام "فارس" کے نام سے کافی عرصے تک غیر مطبوعہ رہا اور بالآخر اسم بامسمّیٰ ثابت ہوا۔ اس مجموعے پر تبصرے البتہ چھپ گئے اور ایک آدھ تبصرہ شاید نشر بھی ہو گیا — ایسا واقعہ کسی اور شاعر کے ساتھ کبھی نہیں ہوا۔ اسے منفرد شاعری کی دلیل سمجھا جا سکتا ہے۔ قاضی سلیم اس لحاظ سے اردو کے 'تنہا' واحد اور اکلوتے شاعر ہیں، جن کے غیر مطبوعہ مجموعہ کلام کو تبصرے جیسی نعمت حاصل ہوئی۔ یہ مجموعہ کلام اب بھی ان کے پاس بطور مخطوطہ محفوظ ہے۔

"نجات سے پہلے" کے تعلق سے بھی قاضی سلیم نے کافی کوشش کی کہ یہ مجموعہ بھی زیورِ طباعت سے آراستہ ہونے نہ پائے۔ اس موضوع پر وہ مسلسل مشورے کرتے رہے۔ قاضی سلیم اتنے بااخلاق واقع ہوئے ہیں کہ وہ اپنے شعر پر کم اور دوسروں کے رائے پر زیادہ بھروسہ کرتے ہیں۔ وہ اپنی شاعری کے بارے میں خود ہی عدم اعتماد کی تجویز مرتب کرتے ہیں۔ اور جب یہ تجویز مسترد ہو جاتی ہے تو وہ اسے بھی کوئی سیاسی چال سمجھ کر اداس ہو جاتے ہیں۔ انھوں نے ایک زمانے تک شاعری کو 'ام ال سی' کی نظر سے اور سیاست کو شاعری کی نظر سے دیکھا۔

قاضی سلیم کا گھر ایک زمانے میں اچھا خاصا مشورہ خانہ تھا۔ ان کے ہاں احباب صبح ہی سے جمع ہو جاتے اور دن بھر مرکزی سرکار یا ریاستی حکومت کے معاملات میں گھر بیٹھے دخل دیتے۔ وزرا کی فہرستیں بناتے اور اپنے قلم سے ان کے قلم دانوں کا تعین کرتے۔ کسی شخص کو کسی ریاست کا گورنر بناتے اور تھوڑی دیر بعد اپنے انتخاب پر نظرِ ثانی کر کے ان احکامِ تقرر کو رد کر دیتے۔ سیاست سے ادب کی طرف آتے تو کسی نہ کسی کی شان میں، امداد باہمی کے اصول پر شاعری کرتے اور ایک

طویل و عریض ہجو تیار کر لیتے۔ فوراً خوش ہو کر چائے پینے کہ سودا کے بعد آج اس آن بان اور شان کی ہجو کہی گئی ہے۔ گھر پر بیٹھے بیٹھے جی اوب جاتا تو سب کے سب قاضی سلیم کی موٹر میں سوار ہو کر سامعین اور اہلِ ذوق کی تلاش میں نکل جاتے۔ جوگندر پال کے اورنگ آباد پہنچ جانے کے بعد قاضی سلیم کو اچانک افسانوں سے دلچسپی ہوگئی اور ان کی افسانہ فہمی اتنی ترقی کر گئی کہ جب بھی کوئی شاعر یا ادیب، کہیں باہر سے ان کے ہاں آتا تو قاضی سلیم بے حد خوش ہوتے کہ آخر کوئی آیا تو اور فوراً تیار ہو کر اسے جوگندر پال کے ہاں لے جاتے اور کم سے کم ایک افسانہ ضرور سنواتے (جوگندر پال نے مجبوراً شہر اورنگ آباد کی رہایش ترک کر دی)۔

قاضی سلیم عادتاً اور اخلاقاً سیاسی اور ادبی مشورے قبول کرتے رہے۔ کسی نے ان سے کہہ دیا 'مغربی ادب کا بھی مطالعہ کرو۔ انھوں نے اس مشورے کا بھی برا نہیں مانا اور چند ہی دنوں میں انگریزی کتابوں کی ایک ننھی لائبریری تیار کر لی۔ جرمن شاعری، فرانسیسی شاعری، ہسپانوی شاعری، جاپانی شاعری وغیرہ وغیرہ۔ انھی دنوں کی بات ہے کہ انھوں نے مجھے بتایا کہ کسی جرمن شاعر نے (شاید لرکا نام بتایا تھا)، اس خیال کا اظہار فرمایا ہے کہ خدا موجود نہیں ہے' لیکن ایک دن ایسا آئے گا کہ انسان خدا کی تخلیق کرے گا۔ شاعر کے اس خیال کے بارے میں انھوں نے مجھ سے مشورہ کرنے کی کوشش کی لیکن جب میں نے ان سے پوچھا کہ یہ شاعر' مشرقی جرمنی کا ہے یا مغربی جرمنی کا' تو خفا ہو گئے اور کسی اور سے مشورہ کرنے ناگپور چلے گئے۔ (کاؤنسل کے اجلاس ناگپور میں بھی ہوا کرتے ہیں)۔ وہاں بھی تشفی نہیں ہوئی تو مسوری اور رشی کیش کی طرف نکل گئے! ہر جگہ ایک نظم کہی۔ واپس ہوئے تو انگریزی ادب کا مطالعہ ترک کر دیا۔ بولے اتنا کافی ہے اور لکڑی کے مجسمے بنانے لگے۔ مختلف قسم کے چھوٹے چھوٹے اوزار خریدے۔ کچھ اپنے باورچی خانے سے اٹھا لائے اور

منی لائبریری کی جگہ ایک منی ورکشاپ قائم کرلی۔ شاعر، آذر بن گیا)۔ ان طفل مجسّموں کی انھوں نے تصویریں بھی کھنچوائیں، لیکن ان تصویروں میں وہ خود موجود نہیں ہیں۔ ایک فن کار اور ایک شکاری میں یہی فرق ہوتا ہے۔ کوئی بھی شکاری اس بات پر رضا مند نہ ہوگا کہ شکار تو تصویر میں موجود ہو اور خود شکاری مع آلات و خلعت تصویر میں موجود نہ ہو)۔

قاضی سلیم نے اسی زمانے میں (یہ سب چھٹے دہے کی باتیں ہیں)، نئے شاعروں کا ایک عہد نامہ بھی تیار کیا۔ اس عہد نامے پر صرف قاضی سلیم کے دستخط ہیں۔ اپنے دستخط کی طرح قاضی سلیم کی بہر حال اپنی ایک آواز ہے جس کے معتبر ہونے کا انھیں اب یقین آیا ہے۔ شاعر کی تشکیک کا یہ سفر طویل ہے اور یہ اُس وقت شروع ہوا تھا جب شاعر نے "اندیشے" نظم کہی تھی اور کہا تھا:

ایک آہنگ ہے ایک ہی لے ہے
زیست سانچوں میں ڈھلی جاتی ہے
جیسے ہر بات ہماری طے ہے
روٹھ جانے کی سیاست بھی نہیں
وہ یقیں ہے کہ محبت کے لیے
آج اظہار کی حاجت بھی نہیں
میرا ایثار ترا لطف کرم۔ ایک معمول نہ ہو جائے کہیں
شوقِ وارفتہ نہ کھو جائے کہیں

ان کی وہ معصومانہ شاعری اب تجربوں اور تجربوں کے نکھار کی شاعری ہے۔ صوفیانہ خیالات کو جدید آلاتِ شاعری کی مدد سے شعر کی صورت دینا، صورت گری بھی ہے اور دستکاری بھی۔ صوفیوں میں تو شاعر گزرے ہیں لیکن جدید شاعروں میں

کسی صوفی کا عمل دخل، تنہا قاضی سلیم کا کارنامہ ہے۔ (قاضی سلیم تو حافظ قرآن بنتے بنتے رہ گئے۔ نصف سے زیادہ قرآن تو انھوں نے اس وقت حفظ کیا تھا جب وہ میٹرک تک بھی نہیں پہنچے تھے)۔

قاضی سلیم کئی سال افسردہ بھی رہے۔ بے حد سنجیدگی کے ساتھ۔ سوچا ہوگا یہ بھی کوئی مفید چیز ہے، یا ممکن ہے کسی نے ان کے کان میں یہ مشورہ پھونک دیا ہو کہ شاعری کے لیے افسردہ رہنا ضروری ہے۔ کئی دن بعد یہ راز ان پر کھلا کہ افسردگی، شاعری اور سیاست، دونوں کے لیے نقصان دہ ہے اور یہ دونوں اصنافِ زندگی انھیں بہت عزیز ہیں۔ وہ سیدھے راستے پر آ گئے۔

یوسف ناظم

بیسویں صدی کے انشاء

سید انشاء اللہ خاں انشا، فرزند حکیم ماشاء اللہ خاں مصدر، دریائے لطافت کے خالق اور مصنف تو خیر تھے ہی، لیکن خود بھی یعنی بذاتِ خود، دریائے لطافت تھے بلکہ دریاؤں کا سنگم تھے۔ نثر کی گنگا اور نظم کی جمنا، دونوں ان کے کوزۂ فضل و کمال میں بند تھے اور تہہ آب تیسرا دریا، دریائے ظرافت، سرسوتی ندی کی مانند رواں دواں تھا۔ سید انشا اٹھارویں صدی میں پیدا ہوئے اور انیسویں صدی میں انھوں نے وفات پائی۔ بیسویں صدی انشا سے کیسے خالی رہتی۔ بیسویں صدی کے سید انشا کا نام تو ابنِ انشا تھا، لیکن تھے وہ ابوالانشا۔ (جب ابوالبرکات، ابوالکلام اور ابوالہول ہو سکتے ہیں تو ابوالانشا کیوں نہیں ہو سکتے۔ لیکن ابوالہول شاید کسی پرانی عمارت کا نام ہے، اس لیے اسے حذف کر دیجیے)۔ ہمارے دوست ڈاکٹر حنان، جو موسیقی کے ڈاکٹر ہیں اور ادب کے معاملات میں ہمیشہ دخل دیتے ہیں، ابنِ انشا کے ذکر پر ایک مرتبہ فرمانے لگے، بھئی انشاء اللہ خان کو گزرے زمانہ ہو گیا۔ یہ ابن انشا کون ہیں؟ بڑی مشکل سے انھیں چپ کرانا پڑا۔[1]

---

[1] یہ بات میں نے اس سے پہلے بھی کہیں لکھی ہے۔

پاکستان میں، اردو مزاح نگاری کا کام مشتاق احمد یوسفی، شفیق الرحمٰن اور ابنِ انشا کے ذمّے تھا۔ اس فن کو یوسفی نے علمیت، شفیق الرحمٰن نے مسرّت اور ابنِ انشا نے ہمہ رنگی کے تحفے دیے۔

مزاح نگار کا کام ہنسانا نہیں ہوتا۔ اچھا مزاح نگار ایک ماحول پیدا کرتا ہے، شگفتگی کا۔ فضا پیدا کرتا ہے، خوش دلی کی اور موتی بکھیرتا ہے لطف و انبساط کے! ابنِ انشا کا مزاح آپ کو یہ سب کچھ دے گا۔ اس سے زیادہ کی طلب، نشاط و سرور کی بجائے، ہکینگ اوور کی طرف لے جاتی ہے۔ ابنِ انشا کو بیسویں صدی کا انشاء اللہ خان تو صرف اس لیے کہا جا سکتا ہے، کہ ان کا ادبی شجرہ وہیں جا کر ملتا ہے، ورنہ دونوں کی ظرافت میں وہی فرق ہے جو سونے کی کان اور سونے کے زیور میں ہوتا ہے۔ انشا کی ظرافت موسلا دھار بارش ہے اور ابنِ انشا کی ظرافت پانی کی ہلکی پھوار۔ ابنِ انشا تمسخر سے بچتے ہیں۔ اس میں ان کی احتیاط یا پیش بندی کو دخل نہیں۔ یہ ان کے مزاج کی بات ہے ہجو، مجبوری ہے، ہیومر، مجبوری نہیں ہے۔ قاتل اور شکاری دو الگ شخصیتیں ہیں۔ وحشت اور کھیل، کرائم اور اسپورٹ۔ یہ سب چیزیں اس قدر نزدیک رہتی ہیں کہ ذرا سی غفلت اور بے احتیاطی فن کار اور قاری دونوں کو لے ڈوبتی ہے۔

ابنِ انشا نے مزاح کو پُر وقار اور سرفراز رکھا ہے موضوعات کی رنگا رنگی کے ساتھ ان کے یہاں شگفتگی اور بشاشت (Mirth) کی جو حسین دھنک لہراتی رہتی ہے، وہی ان کا اسٹائل ہے۔ سادہ اور پُر وقار۔ کوئی ٹیڑھ نہیں، داؤ پیچ نہیں افغانستان میں لٹریری ماحول، ان کے الفاظ میں کچھ اس طرح کا ہے:

"پبلشروں کی حد تک تو ٹھیک ہے کہ افغانستان میں اس نام کی کوئی مخلوق نہیں ہے۔ پرائیویٹ پریس کوئی نہیں ہے۔ اوّل تو ان حالات میں کوئی شخص کچھ لکھنے کا حوصلہ نہیں کرتا۔ اگر کوئی مرزا غالب یا فیض احمد فیض پیدا ہو بھی جائے تو ازراہ

قانون اسے حکومت کو مرضی دینی چاہیے کہ بندے کی یہ تالیف زیورِ طبع سے آراستہ کی جائے۔ وہ ٹھوک بجا کر (کسی کام میں جلدی نہیں کی جاتی) دیکھیں گے کہ ہاں کوئی مضائقہ نہیں، تو حکم ملے گا کہ اچھا چھاپ دیتے ہیں۔ کاغذ، کتابت طباعت کے پیسے لاؤ اور جب چھپ جائے تو جہاں جی چاہے، جیسے جی چاہے، بیچو۔

"مانگ کا یہ حال ہے کہ کچھ کتابیں شائقین خرید لے جاتے ہیں، کچھ بنیا لے جاتا ہے اور اس میں کشمش چلغوزے وغیرہ ڈال کر بیچتا ہے۔ ہمارے کسی دوست نے فرمایا، تم کچھ بھی کہو، اس نظام میں مصلحت یہ ہے کہ لوگ بیہودہ شاعری اور رنگیلے ناولوں وغیرہ سے محفوظ رہتے ہیں۔" ایران کے فلکی اور ملی حالات کا ذکر وہ اس طرح کرتے ہیں:

"ایک امریکی ماہرِ مالیات پہلی جنگ کے آس پاس یا شاید کچھ پہلے ایران بلائے گئے اور وزیرِ خزانہ بنائے گئے، تو حیران ہوئے کہ کسی نے بجٹ کا نام ہی نہیں سنا۔ آمد و خرچ کا کچھ حساب ہی نہیں۔ پہلی فائل جو اُن کے پاس آئی تھی، کہ شتر خانے کے لیے تیل چاہیے اور موٹر خانے کے لیے بھوسے کی ضرورت ہے۔ یہ بہت جِز بِز ہوئے کہ یہ کیا مذاق ہے۔ بعد ازاں کھلا کہ کوئی مذاق نہیں۔ تیل اونٹوں کی مالش کے لیے چاہیے تھا اور موٹر خانے کے ملازمین کو تنخواہ بھوسے کی صورت میں ملا کرتی تھی۔" ملاوٹ کا ذکر کرتے ہوئے لکھتے ہیں:

"اے پاکستان کے پاک لوگو، سنو کہ ایران میں ملاوٹ نہیں ہوتی۔ لوگوں کو موبل آئیل یا بھینٹے کی اینٹیں یا لکڑی کا بُرادہ نہیں کھلایا جاتا۔"

سفرنامے ابنِ انشا سے پہلے بھی لکھے جاتے تھے اور آج اچھے سفرنامے ادبی کارنامے ہیں۔ ابنِ انشا نے سفرناموں کو بھی مزاح پاروں کا درجہ دے دیا ہے۔ شفیق الرحمن کی تزکِ نادری، پیروڈی ہے اور ابنِ انشا کی تصنیف دنیا گول ہے، تخلیقی کارنامہ ہے۔ یہ ایک ہی فن کی دو مختلف شکلیں ہیں۔ انشاء اللہ خاں، سنجیدہ سے

سنجیدہ تحریر میں شوخی سے باز نہیں آتے تھے۔ دریائے لطافت (قواعدِ اردو)، داستان، نثر میں بھی ان کے چوچلے اور چہلیں برقرار ہیں۔ ابنِ انشا نے بھی سفرنامے جیسی خشک اور ٹھوس چیز کو، سُبک پن اور بانکپن دیا اور اس طرح کہ پھول کا آنچل میلا نہ ہونے پایا۔ انڈونیشیا کے بارے میں ایک جملہ ضرور سنیے:

"قیلولے کا یہ احوال ہم نے ایران میں دیکھا اور انڈونیشیا میں دیکھا کہ آگیا عین لڑائی میں اگر وقتِ قیلولہ، تو وہ ڈھال تلوار پھینک، یہ شعر پڑھتا ہوا لمبا لمبا لیٹ جائے گا ؎

تیرے زانو پہ سر رکھ کے ابھی سوتا ہوں
انقلاب آئے تو مجھ کو بھی جگا نا ساقی "

صرف انڈونیشیا کے لوگوں کے قیلولے کی بات بتا کر اگر میں ابنِ انشا کا کوئی اور اقتباس آپ کو سناؤں تو آپ دوسرے ملکوں کے لوگوں سے بدگمان ہو جائیں گے، اس لیے عرب کے لوگوں کے بھی احوال سن لیجیے:

"ایک طرف جوا خانہ۔ دوسری طرف یہ تجلّی گاہ۔ روپے ہارے یا نقد دل مارے دونوں کا معقول انتظام ہے۔ یہ تو خیر ہمیں گمان نہ تھا کہ حالیہ قیامتِ صغریٰ کے بعد ہم کسی عرب ملک میں جائیں گے تو وہاں ہر شخص سر پر کفن باندھے، ہتھیار سنبھالے لفٹ رائٹ کرتا اور مشین گن کی باڑھ مارتا ملے گا۔ ہاں یہ خیال نہ تھا کہ ہمارے عرب اب بھی مے پرستی، عذر مستی اور پیش دستی وغیرہ غالب کے تمام قافیوں کو بحسن و خوبی نبھا رہے ہوں گے۔ ایک دوست قاہرہ سے آتے ہوئے ملے۔ ہم نے ان سے کہا کہ اے اس دیس سے آنے والے، بتا وہاں کا کیا حال ہے۔ وہاں تو جہاد کے جیکاروں سے کان پڑی آواز سنائی نہ دیتی ہوگی۔ وہاں لہو و لعب والوں پر کیا گزری۔ ابریق مے مستی کیسے شکست ہوا۔ قاہرہ کے ان خوباں کا کیا حال ہے جن میں سے ایک کے

متعلق کرنیل محمد خاں نے لکھا ہے، کہ اس شوخ نے آکر دروازہ کھولا تو اس کے ہونٹوں پر تو مسکراہٹ تھی، لیکن باقی جسم پر کچھ نہ تھا۔ وہ مسکرا کر رہ گئے یا نشتریت میں مرہم کی ٹھنڈک کیسے پیدا کی جاسکتی ہے اور چبھنے والے کانٹوں کو ان نرم و نازک کلیوں کا رنگ اور روپ کیسے دیا جاسکتا ہے، جن کے بارے میں شاعر نے کہا ہے :

بھیجنا ہے ایک کمسن کے لیے،

یہ فن ابنِ انشا نہ صرف جانتے ہیں، بلکہ اس کے ماہر ہیں۔ ان کے ہاں مرصع کاری کا کمال نہیں ملے گا کیونکہ اُن کی تحریر خود قبائے گل ہے اور قبائے گل میں گل بوٹا کہاں ہے۔ ان کا سفرنامہ الگ ہی ٹائپ کا سفرنامہ ہے۔ یہی بات جو انھوں نے کہی ہے، اگر سجاد ظہیر اور خواجہ احمد عباس کہتے تو تحریر، دیکھتے کو تلوں کا الاوہ بن جاتی۔

مزاحیہ سفرنامے واقعی سفرنامے ہوتے ہیں، Suffer نامے نہیں ہوتے۔ اپنی اس بات کی تائید میں جی تو چاہتا ہے کہ 'دنیا گول ہے' کے دس بیس صفحے یہاں نقل کر دیے جائیں، لیکن پھر میرے کہنے کے لیے کیا بچے گا؟

ابنِ انشا بقول شخصے کالم بھی لکھا کرتے تھے۔ (کہانی لکھنا، ڈراما لکھنا، مضمون لکھنا یا اداریہ لکھنا تو ہم نے سنا تھا لیکن خود کالم بھی ایک صنف تحریر ہے، ہمیں معلوم نہیں تھا۔) عصری حیثیت، جس کا آج کل بہت زیادہ مطالعہ کیا جاتا ہے، ابنِ انشا کے ہاں جتنی چاہیے مل جائے گی۔ عصری حیثیت اصل میں بنتی ہی ان کے ہاں ہے۔

کالم نگاری میں عام طور پر بلکہ قدرتی طور پر ایک قسم کی مونا طنی۔ (Monotony) پیدا ہو جانی چاہیے، لیکن ابنِ انشا کے یہاں عدم تنوع کا احساس نہیں ہوتا۔ کالم نگار سال کے پہلے مہینے کی پہلی تاریخ سے آخری مہینے کی آخری تاریخ تک، ایک ہی انداز برقرار رکھنے کا حق رکھتا ہے۔ ابنِ انشا شاید پہلے دن اپنے اس حق سے دستبردار ہو گئے تھے۔ (مزاح نگار تو ہوتا ہی ذہین آدمی ہے۔ ہر جگہ نئی راہ پیدا کر لیتا ہے)، ابنِ انشا

کی کالم نگاری کی اتنی تعریف ہوگئی ہے، تو اس کا ثبوت بھی دینا ہوگا۔ زیادہ نہیں، چند ہی جملے کافی ہیں:

"معلوم ہوتا ہے، اس فلم کی کہانی پہلے نہیں لکھوائی گئی تھی، بلکہ فلم مکمل ہونے کے بعد اس میں باہر سے ڈالی گئی تھی۔۔۔۔۔۔۔۔ڈائرکٹر نے ایک لڑکی سے کہا ہوگا، لے تو ہیروئن بن جا۔ایک اداکارے سے کہا ہوگا، تو ہیرو بن جا کیونکہ ہیرو کے بغیر ہیروئن نہیں ہوتی، اور ہاں یے داڑھی رکھ، اسے لگا کر لڑکی کو ٹیوشن پڑھانا شروع کردے۔ کیا کہا، تجھے خود پڑھنا نہیں آتا۔ مجھے دیکھ، مجھے کہاں پڑھنا آتا ہے، پھر بھی اتنا کامیاب ڈائرکٹر ہوں۔ تو داڑھی می تو لگا۔ اتنے میں، میں سوچتا ہوں کہ آگے کیا کرنا ہے۔ ۔۔۔۔۔یہ فلم مزاحیہ تھی، کم از کم ہمارا خیال یہی ہے۔ کیوں کہ جہاں جہاں کامیڈین کا رول آتا تھا، لوگ اس کی حرکتوں اور فقرا بازیوں پر ہنستے تھے۔ اور جہاں نہیں آتا تھا، وہاں فلم بنانے والے پر ہنستے تھے۔ ڈائرکٹر پر ہنستے تھے، پوری فلم انڈسٹری پر ہنستے تھے۔ ہمارا ارادہ ان لوگوں پر مقدمہ چلانے کا ہے، تاکہ کم از کم یہ لوگ دیکھ لیں کہ عدالت کیسی ہوتی ہے۔"

مشتاق احمد یوسفی نے ابن انشا کے بارے میں یہ رائے دی ہے کہ "اردو مزاح میں ابن انشا کا اسلوب اور ڈھنگ نیا ہی نہیں، ناقابل تقلید بھی ہے۔ سادگی اور پرکاری، شگفتگی اور بے ساختگی میں وہ اپنی نظیر نہیں رکھتے تھے۔ ان کی تحریریں ہماری ادبی زندگی میں ایک سعادت اور نعمت کا درجہ رکھتی ہیں۔"

خود ابن انشا نے یوسفی کی مزاح کی تعریف میں لکھا تھا "اگر مزاح جیسا ادب کے موجودہ دور کو ہم کسی نام سے منسوب کر سکتے ہیں تو وہ یوسفی ہی کا نام ہے۔"

معلوم نہیں ان دونوں میں سے کس نے دوسرے کے بارے میں پہلے لکھا، لیکن ان دونوں رائیوں میں "لین دین" بالکل نہیں۔ دو سچ پچ کے حاجی ایک دوسرے کو

حاجی نہیں کہیں گے تو اور کیا کہیں گے؟ دینِ ظرافت کے جتنے بھی ارکان ہیں، وہ ان دونوں نے بہر حال پورے کر لیے۔ ابنِ انشا کی تحریر کی سادگی و پُرکاری اور شگفتگی و بے ساختگی، سعادت اور نعمت کا درجہ رکھتی ہوں یا نہ رکھتی ہوں، بہر حال اس بلند سطح کی چیزیں ہیں جہاں کم سے کم کسی نقّاد کا ہاتھ نہیں پہنچ سکتا، ورنہ نقادوں کا کیا ہے، وہ ہر چیز کو اوپر سے نیچے کھینچ لیتے ہیں۔ (آدمی خود ہی اپر برتھ پر سفر کرے، تو اَپر برتھ والوں سے کوئی شکایت پیدا نہیں ہوتی)۔

کلیم الدین احمد نے کئی سال پہلے لکھا تھا کہ "ابھی اردو میں ادبی طنز و ظرافت کے لیے لامحدود گنجایشیں ہیں۔ نظم اور نثر دونوں میں اگر اردو انشا پرداز اس فن کی اہمیت کو سمجھیں، اس کی خصوصیت سے شناسائی بہم پہنچائیں، تو بہت کچھ ترقی ممکن ہے۔" یہ رائے غالباً انھوں نے ۱۹۴۴ء میں دی تھی ـــــ ۲۵ سال کے اس طویل عرصے میں ان لامحدود گنجایشوں میں سے تنہا ابنِ انشا نے کتنے گوشوں کو سر کر لیا ہے، اور عجیب اتفاق ہے کہ ابنِ انشا، نظم و نثر دونوں میں اپنے قدم جمائے ہوئے ہیں۔

اردو میں ایک عام رسم یہ ہے کہ جب تک کسی ادیب اور شاعر کا کسی انگریزی یا روسی ادیب اور شاعر سے موازنہ نہ کیا جائے، دل کو اطمینان نہیں ہوتا۔ اس معاملے میں، مَیں مدراس انڈیا کے ایڈیٹر بابو راؤ پٹیل کا قائل ہوں۔ وہ بڑی سے بڑی انگریز ایکٹریس کا بھارتیہ کرن کرنے میں تکلّف نہیں کرتے۔ گریٹا گاربو کو وہ شاید انگلش اسکرین کی کامنی کوشل کہا کرتے تھے۔ اگر میں بھی یہی معاندانہ رویہ اختیار کروں تو، وڈ ہاؤس، انگریزی زبان کے ابنِ انشا ہیں اور سیر و سیاحت کے لحاظ سے، مارک ٹوئین بھی ابنِ انشا ہی کہلائیں گے۔

سیر و سیاحت سے ادیب کے وژن میں کتنی وسعت پیدا ہوتی ہے، اس کا

اندازہ ابنِ انشا کی تحریروں سے لگایا جاسکتا ہے۔ موضوعی ادب بھی معروضی ادب کی آن بان کا ہو سکتا ہے، بشرطیکہ — ظاہر ہے کہ اس کی ایک ہی شرط ہے، خود ادیب اسے کس طرح پیش کرتا ہے۔ یوں بھی ابنِ انشا جیسا باصلاحیت فن کار، موضوعیت، داخلیت، واقعیت اور معروضیت کی الٹ پھیر میں نہیں پڑا کرتا۔ ابنِ انشا کے یہاں نہ مضمون کی کمی ہے، نہ الفاظ کی۔ ان کا مطالعہ مشاہدہ بے پناہ ہے (یہ مطلب نہیں کہ اس سے پناہ مانگی جائے) اس پر مستزاد وہبی اور خداداد قوتِ تحریر، ان سب باتوں کی یکجائی نے ابنِ انشا کی تحریر کو خندہ گل ہی کی کیفیت نہیں عطا کی، بلکہ اسے

ع بے اختیار دوڑے ہے گل ورقفائے گل کی تصویر بنا دیا۔

ابنِ انشا نے لندن سے اپنے کالم کے لیے یہ لکھ کر بھیجا تھا کہ ہم اب لندن سے اپنے وطن جائیں گے تو ضرور بادشاہت کریں گے۔ وہ تو تھے ہی بادشاہ سلطنتِ ظرافت کے۔ "بادشاہت کی تلاش میں" شاید ان کا آخری کالم ہو۔

"ہم بادشاہ ہو جاتے تو کیا کرتے، اس باب میں ہم نے ایک منشور چھاپ رکھا ہے جسے خرچہ ڈاک کے لیے دس روپے بھیج کر ہم سے طلب کیا جاسکتا ہے۔ ۔ ۔ ۔ ۔ ۔ جمعہ کی چھٹی کرتے لیکن افسوس وہ پہلے ہی ہونے لگی ہے۔ خیر جمعے کی دو چھٹیاں کر دیں گے ہمارے عہد، مصلحت عہد، میں ہفتے میں دو جمعے ہوا کریں گے، تاکہ لوگ دل جمعی سے عبادت کرتے رہیں۔ جمہوریت اور سوشلزم وغیرہ کے شیطانی وسوسے ان کے دل میں پیدا نہ ہوں۔ شراب کی ممانعت کرنے کا نکتہ بھی ہمارے منشور میں تھا، وہ بھی ہو چکی۔ لیکن ہرج نہیں، ہم مزید ممانعت کر دیں گے تاکہ لوگ جو نہیں پیتے وہ مزید نہ پئیں۔۔ ۔ ۔ ۔ ۔ اب ہم فرنگستان کے راج پاٹ پر لات مار کر وطن واپس آنے اور ایک رحمدل اور بیدار مغز تاجدار کے طور پر اپنے ملک اور رعایا کی خدمت کرنے کے لیے بے تاب ہیں۔ جونہی امرا اور عمایدین کا کوئی وفد ہمیں لینے آئے گا، ہم لندن کے در و دیوار پر

ذکرِ خیر

حسرت سے نظر کرتے ہوئے روانہ ہو جائیں گے۔ اس کالم کا کٹنگ سنبھال کر رکھیں۔ اپنے سب قارئین کو ہم خلعت و انعام دیں گے اور لوگوں کا منہ موتیوں سے بھر دیں گے، خصوصاً ان کا جو نکتہ چینی کے لیے منہ کھولنے کی کوشش کریں گے۔"

ابنِ انشا یہ سب کچھ کر سکتے تھے، کیونکہ ان کے پاس موتیوں کی کیا کمی تھی۔ ایسی فنی تحریروں کو ادبی وقار کتنی مشکل سے نصیب ہوتا ہے۔

ابنِ انشا نے کم سے کم ۳۰، ۳۵ سال تو ضرور لکھا ہوگا۔ کمیت اور کیفیت، حجم اور حشم، مقدار و معیار، وزن اور وزن، ان سب افعال و امثال کو انھوں نے بڑی دیانت داری اور ایمانداری سے نبھایا۔ مزاح نگار عام طور پر لکھنے میں سنجیدہ نہیں ہوا کرتے۔ کبھی کبھی بڑی بے دلی سے لکھتے ہیں، جیسے مزاح لکھنا بھی کوئی دفتری کام ہو۔ لیکن ابنِ انشا نے ہم سب کی لاج رکھ لی۔ شروع شروع میں انھیں اتنا سراہا گیا جس کے وہ مستحق تھے۔ ممکن ہے وہ مزاجاً بے نیاز رہے ہوں۔ موجودہ دور میں صرف مزاح ہی کی تیکنک نہیں بدلی اور بھی تیکنکیں بدلیں یا زیادہ صحیح لفظوں میں ایجاد ہوئی ہیں۔ اس کی اطلاع شاید انھیں نہیں ہوئی کہ ادیب کو اپنا پروپگنڈہ بھی کرتے رہنا چاہیے۔

اب مزاح نگاری کی بات چل پڑی ہے تو آخر میں ایک اور بات کا ذکر کر دوں۔ میرے ایک کرم فرمانے، جنھیں میں بڑا حساس اور منصف مزاج نقاد سمجھتا ہوں، کئی دن پہلے مجھے ایک خط میں لکھا تھا۔ (پورا جملہ نہیں لکھوں گا)، "مشتاق یوسفی اور ابنِ انشا طنز و مزاح کا میدان پاکستان میں مارے جائیں، یہ کچھ ہماری غیرت کو گوارا نہیں۔"

میری رائے میں یہ بات حسرت کی نہیں مسرت کی ہے تنقید کا یہ محبت آمیز انداز کم سے کم پاکستان کو نصیب نہیں۔۔۔

صاحبِ اقبال شاعر

ہر وہ شخص جس کا نام اقبال ہو، اقبال صاحب تو ہو سکتا ہے لیکن اس کا صاحبِ اقبال ہونا مشکل ہے۔ ڈاکٹر اقبال کو البتہ صاحب اقبال بننے میں کوئی دقت پیش نہیں آئی کیونکہ وہ حکم سفر ملنے سے پہلے ہی اس کا بند و بست کر چکے تھے۔ پیدا ہو جانے کے بعد جیسے جیسے وہ بڑے ہوتے گئے، ان کے اقبال میں بھی اتنی ہی تیزی سے ترقی ہونے لگی، جتنی تیزی سے ہمارے ہاں چیزوں کی قیمتیں بڑھتی ہیں۔ جہاں تک قیمتوں کا تعلق ہے، یہ کششِ ثقل کی نہیں، کششِ فلک کی پابند ہیں۔ قیمتوں کا نیوٹن کے نظریے سے کوئی تعلق نہیں۔ اگر ہے تو بس اتنا کہ جو بھی قیمتوں کے بارے میں زیادہ غور و فکر کرے گا، زمین بوس ہو جائے گا۔

ڈاکٹر اقبال جب پیدا ہوئے تو ایک عام ہندستانی کی طرح پیدا ہوئے۔ ایک عام ہندستانی کے پیدا ہونے پر پہلا کام جو کیا جاتا ہے وہ یہ ہے کہ اس کی تاریخ پیدائش نہیں لکھی جاتی۔ یعنی ہمارے ہاں بچّے کی زندگی کورے پن سے شروع ہوتی ہے، کیونکہ یہی آئینِ قدرت ہے۔ یہی اسلوبِ فطرت ہے۔

تاریخ پیدائش لکھنا ہمارے ہاں اتنا ہی زبردست کارنامہ ہے، جتنا کسی ملک کی تاریخ لکھنا۔ معلوم نہیں وہ لوگ کس دل گردے کے ہوتے ہیں جو ہنستے کھیلتے بچے کی تاریخ پیدائش لکھ لیتے ہیں۔ تاریخ پیدائش لکھنے میں ایک تو وقت بہت صرف ہوتا ہے، دوسرے آگے چل کر غیر ضروری مسائل پیدا ہو جاتے ہیں۔ (صحیح تاریخ پیدائش عام طور پر نقصان دہ ثابت ہوتی ہے اور کتنے ہی لوگوں کو اس کی وجہ سے وقتِ مقررہ پر ملازمت سے سبکدوش ہو کر شریفانہ مشاغل اختیار کرنے پڑے ہیں)۔

آج بھی جب کہ جگہ جگہ برتھ رجسٹر رکھے ہوئے ہیں اور ان میں نامناسب اندراجات کے بغیر کسی بھی بچے کو پیدا ہونے نہیں دیا جاتا، کسی بچے کی صحیح تاریخ پیدائش معلوم کرنا اتنا ہی مشکل ہے، جتنا پیدائش سے پہلے اس کی صنف معلوم کرنا۔ اس کی وجہ یہ ہے کہ کتابِ ولادت میں قصوروار والدین کا نام تو درج ہوتا ہے اور واقعہ پیدائش کا بھی اندراج ہوتا ہے، لیکن بچے کا نام درج نہیں ہوتا۔ بچے کا نام تو ہم اس وقت رکھتے ہیں جب کم سے کم ڈیڑھ سو ناموں پر غور کر چکتے ہیں۔ جو لوگ اس معاملے میں عجلت سے کام لیتے ہیں، زندگی کی ایک بڑی دلچسپی سے محروم ہو جاتے ہیں۔

دوسرے ملکوں کا حال تو ہمیں زیادہ معلوم نہیں اس لیے ہم کہہ نہیں سکتے کہ کس ملک میں تاریخ پیدائش کے ساتھ کیا سلوک کیا جاتا ہے، لیکن ہمارے ہاں تاریخ پیدائش اس طرح بدلا کرتی ہیں جیسے انگلستان میں بیویاں شوہر بدلا کرتی ہیں اور ہندستان میں لوگ سیاسی مسلک۔ بعض صورتوں میں تو جڑواں بچوں کی پیدائش کی تاریخیں بھی الگ الگ ہوتی ہیں۔ (یہ بھی منع نہیں ہے)۔ یہاں ہر شخص اپنی پیدائش کی کم سے کم تین تاریخیں ضرور رکھتا ہے جن میں کافی فاصلہ ہوتا ہے۔ (فصل زمانی)۔ ایک تاریخِ ولادت کے ذریعے وہ اپنا جنم دن مناتا اور موم بتیاں جلاتا ہے (یہ اور بات ہے کہ ہر برتھ ڈے پر ایک موم بتی زیادہ ہونے کی بجائے کم ہو جاتی ہے)۔ یعنی لوگوں کا برتھ ڈے

ذکرِ خیر

ہر سال کسی نہ کسی چھٹی کے دن واقع ہوا کرتا ہے، کوئی غیر حاضری کا بہانہ نہیں کرسکتا۔ دوسری تاریخ پیدائش وہ اپنی ملازمت اور شادی کے لیے استعمال کرتا ہے، اور تیسری تاریخ پیدائش جو قریب قریب صحیح ہوتی ہے، فوجی راز کے طور پر استعمال ہوتی ہے۔ یہ خاندان کے ان چند گنے چنے لوگوں کو بتائی جاتی ہے جو حلف رازداری اٹھا چکے ہوں۔ اکثر صورتوں میں والدین کی صحیح تاریخ پیدائش ان کے بچوں سے معلوم کرنی پڑتی ہے۔

ڈاکٹر اقبال بہر حال ان لوگوں میں سے تھے، جنھیں اپنی تاریخ پیدائش استعمال کرنے کی ضرورت پیش نہیں آئی۔ ہاں اگر وہ پنجاب ہائی کورٹ کے جج بن جاتے تو ان کی تاریخ پیدائش تو معلوم ہو ہی جاتی لیکن ان کے جج بننے کی صورت میں مشکل پیش آتی کہ ڈاکٹر اقبال دوسروں کو تو انصاف بانٹ سکتے تھے، لیکن خود اپنے اور اپنی شاعری کے ساتھ انصاف نہیں کر سکتے تھے۔ ساری دنیا میں بدقسمتی سے یہ قاعدہ ہے کہ دیگر تمام اقسام کے ملازمین سرکار کو تو ملازمت سے ٹھیک وقت پر سبکدوش کر دیا جاتا ہے، لیکن ججوں کو صرف اسی وقت رہا کیا جاتا ہے جب ان کے پاس کسی اور کام کے لیے وقت نہیں رہتا۔ ڈاکٹر اقبال اگر جج ہو جاتے تو ہمارا بس اتنا ہی فائدہ ہوتا کہ ان کی تاریخ پیدائش تلاش کرنے میں اِدھر اُدھر گھومنا نہ پڑتا۔ لیکن ضربِ کلیم، پیامِ مشرق۔ اور ارمغانِ حجاز پڑھنے کو کہاں ملتی۔ یہ سب آسمانی باتیں ہیں۔ قدرت کو جب کسی شخص سے بڑا کام لینا مقصود ہوتا ہے تو پھر وہ اس شخص کو پنجاب ہائی کورٹ کا جج نہیں بناتی۔

آسمان کے لفظ پر یاد آیا کہ آسمان کے معاملے میں اردو کے شاعروں نے بڑے تعصب کا اظہار کیا ہے۔ یوں تو اردو شاعری میں کئی نباتاتی، جماداتی اور بہت سی سائنسی غلطیاں ہیں جن میں سے ایک نباتاتی غلطی یہ ہے کہ ہمارے ہاں کا محبوب بہت زیادہ

قد آور ہوتا ہے۔ ضرورت سے زیادہ۔ سوچیے، اگر محبوب سرو قد اور شمشاد قامت ہوا
تو اس سے بات کیسے کی جائے گی، عاشق کو عرض مدعا میں کتنی دقت ہوگی۔ بہت سے
عشق شاید اسی لیے نا کام ہو جاتے ہیں۔ ضرورت ہے کہ محبوب کا قد قدر سے کم
کیا جائے۔ اسی قسم کی جمادّاتی غلطیاں بھی ہمارے ہی شاعری میں موجود دیں، لیکن
جس بات پر اس وقت زور دینا مقصود ہے وہ آسمان سے متعلق سائنسی غلطی ہے۔
اردو کے تقریباً ہر شاعر نے آسمان کو متحرک بتلایا ہے۔

میر کہتے ہیں :   مت سہل ہمیں جانو پھرتا ہے فلک برسوں
اور انشا کا خیال ہے :   بھلا گردشِ فلک کی چین دیتی ہے کسے انشا ؍
اور غالب کا کہنا ہے :   رات دن گردش میں ہیں سات آسماں

بہتوں نے تو اس کی رفتار کا بھی نام رکھا ہے اور اس کے حوالے سے اسے
فلک کج رفتار کہا ہے۔ اقبال کے ہاں بھی "گردشِ افلاک" کا ایک دو جگہ ذکر ملتا ہے
لیکن انھوں نے اسے خیمہ افلاک بھی کہا ہے اور خیمہ متحرک نہیں ہوتا۔ اقبال کے ہاں
سب سے اہم بات یہ ہے کہ کم سے کم انھوں نے آسمان کو زمین کے باشندوں کا
دشمن نہیں بتایا ہے، ورنہ غالب تو آسمان سے اتنے بدظن ہیں کہ کہتے ہیں :
ہوئے تم دوست جس کے اس کا دشمن آسماں کیوں ہو

فارسی کے کسی شاعر نے یہاں تک کہا تھا کہ آسمان سے جو بھی بلا چلتی ہے، میرے
گھر کا پتا پوچھتی آتی ہے۔ آسمان کے بارے میں بہر حال ڈاکٹر اقبال کے خیالات
اتنے خراب نہیں ہیں، اور ہونا بھی نہیں چا ہیں۔ آسمان تو ہمارے سر پر ایک
چھت کی طرح ہے۔ ہمارا ہاتھ چھت تک نہیں پہنچتا، تو کوئی حرج نہیں۔ آدمی کو
تو چھت چاہیے ہی۔ جب ہم معمولی سا مکان بناتے ہیں، تو چاہے ہے اس میں کچھ بنائیں
نہ بنائیں، چھت تو ضرور ہی ڈال لیتے ہیں اور اب تو صرف سیلنگ ہی فالس سیلنگ

کا بھی رواج ہے۔ چھت پہلے بھی ضروری تھی اور اب بھی ضروری ہے، عاشقی کے لیے بھی اور پتنگ اڑانے کے لیے بھی۔

یہ کوئی موقع نہیں ہے کہ چھت کے فوائد اور اس کی غرض و غایت کے بارے میں مزید معلومات بہم پہنچائی جائیں۔ اس بیان سے صرف یہ بتانا مقصود تھا کہ جب معمولی اور مصنوعی مکانوں کے لیے چھت ضروری ہے' تو کیا اتنی بڑی زمین یونہی کھلی چھوڑ دی جاتی۔ اگر ہمارے سر پر آسمان نہ ہوتا تو آپ ہی' آج نہ سہی دو چار دن بعد سوچ کر بتلائیے کہ اس کی جگہ کیا ہوتا۔ اقبال نے اس لیے آسمان کی مخالفت میں کچھ نہیں کہا ہے۔ ان کا تو خیال ہے کہ وہاں سے ادھر بلائیں نہیں' دعائیں آتی ہیں۔

زمیں سے نوریانِ آسماں پرواز کہتے ہیں
یہ خاکی زندہ تر' پائندہ تر' تابندہ تر نکلے

اقبال تو آدمی کو طائرِ لاہوتی کہتے ہیں اور اسے آسمانوں میں پرواز کرنے کی تحریری دعوت دیتے ہیں بلکہ یہ بھی کہتے ہیں کہ پرواز میں کسی بھی وجہ سے کوتاہی نہیں آنی چاہیے۔ اقبال بذاتِ خود اتنا اونچا اڑے کہ آسمان پر چھا گئے اور چونکہ اردو شاعری میں آسمان دشمنی کی روایت ہے' اس لیے اردو کے کچھ شاعر ان کے آسمان جاہ بن جانے کی وجہ سے ان پر بھی دھول پھینکنے کی کوشش کرتے ہیں۔ اسے دھول پھینکنا نہیں خاک پھانکنا سمجھنا چاہیے۔ جو لوگ دنیا کے گورکھ دھندے میں پوری طرح پھنسے رہتے ہیں، ان کی عمر اقبال مندی کے فراق ہی میں گزر جاتی ہے۔ ایسے لوگ صاحبِ اقبال تو خیر کیا' مصاحبِ اقبال بھی بن جائیں تو بہت ہے۔

(یہ مضمون اقبال صدی کے سلسلے میں بھیمڑی کے ایک سمینار میں پڑھا گیا اور شاید سنا بھی گیا۔)

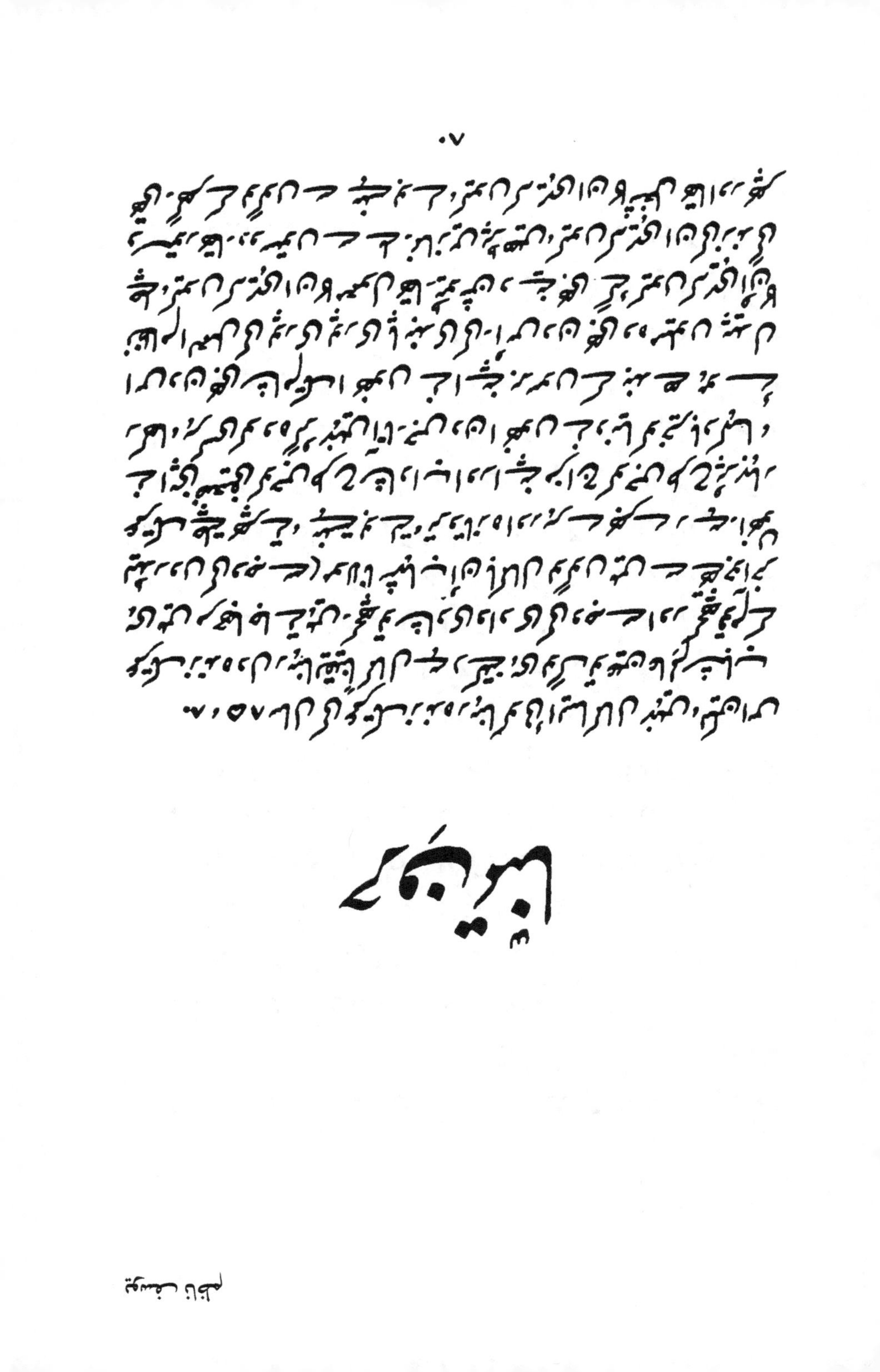

[illegible]

ނިމުނީ

اللہ کا نام لیا اور چل دیے۔ کیا پتا اس دن کا یہ عمل بھی انھوں نے پہلے
ہی سے سوچ رکھا ہو۔۔۔۔۔ اہلِ دل تو وہ تھے ہی۔

مولانا شہاب نے کوئی پانچ دہائیاں شہر بمبئی میں گزاریں۔ یہ شہر
ہے بھی بڑا غدار۔ ایک مرتبہ کوئی یہاں آ جائے تو چھٹتی نہیں ہے جسم سے
بمبئی لگی ہوئی، جن لوگوں نے اُنھیں آج سے پچاس سال پہلے دیکھا ہو گا
اور جنھیں میرے کے الفاظ میں، ان سے صحبت رہی ہو گی تو وہ غلط ہی رہے ہیں،
اُن سے قرب کا دعوا کر سکتے ہیں۔ لیکن ہم جیسے لوگ بھی جو عمر و عقل میں
ان سے کم، علم میں اور بھی کم بلکہ نابلد، اُن پر اتنا ہی حق جتاتے تھے جتنا کہ
اُن کے قریبی دوست پچھلے پچاس سال کے عرصے میں مولانا مرحوم نے
اپنے جاننے والوں، چاہنے والوں، ان سے اکتسابِ فیض کرنے والوں
الفاظ کے معنی مشتق، مصدر پوچھنے والوں، آیاتِ قرآنی کی تفسیر سمجھنے والوں
شرعی مسائل کا حل دریافت کرنے والوں، حافظ ورومی اور غالب و
اقبال کے اشعار کی تشریح طلب کرنے والوں، دعائیں لینے والوں اور
شفقت بٹورنے والوں کی ایک بریگیڈ کی بریگیڈیئر پیدا کر لی تھی یہ کہہ دنیا کہ اپنی
ذات میں وہ ایک انجمن تھے، معمولی بات ہو گی۔ اُن کی ہشت پہلو شخصیت
انجمن سے آگے کی کوئی چیز تھی۔ وہ علامہ بھی تھے اور مولانا بھی۔ مولوی
بھی تھے اور مفتی بھی۔ مفسّر بھی تھے اور شارح بھی۔ لیکن ان سب سے
زیادہ وہ سادہ دل بندے تھے۔

مولانا شہاب جتنے تندرست و توانا تھے، اتنا ہی تندرست و توانا ان کا
حافظہ تھا۔ قرآن پاک تو انھوں نے اپنی عمر میں کتنے ہی ختم کیے ہوں گے۔
انھیں اس عمر میں بھی یاد تھا کہ کون سی آیت کس سورۃ میں اور کس پارے

میں ہے۔ کوئی بھی پوچھتا تو بتا دیتے، لیکن فوراً ہی سینے سے لگی ہوئی حمائل شریف نکال کر اپنی تشفی کر لیتے کہ صحیح بتایا تھا یا نہیں، اور وہ ہمیشہ ہی صحیح ہوتے۔ نادر و نایاب کتابوں کی انھیں ہمیشہ تلاش رہتی تھی۔ مجھ سے کئی مرتبہ ہوش بلگرامی کی ایک کتاب کے بارے میں پوچھا۔ کہتے تھے حیدرآباد میں مل جائے گی۔ یہ کتاب کچھ نہیں تو ۰۸ سال پہلے چھپی ہوگی، لیکن اُس کی جزئیات تک انھیں یاد تھیں (اور میں ہر مرتبہ کتاب کا نام بھول جاتا تھا) شعر و شاعری سے بھی اُنھیں شغف تھا۔ ظاہر ہے نوجوانی میں شعر بھی کہے ہوں گے۔ انھوں نے اساتذۂ سخن کی آنکھیں دیکھی تھیں۔ اُن کی محفلوں میں اٹھے بیٹھے تھے۔ ہزاروں اشعار انھیں حفظ تھے۔ ہم میں سے بہتوں کو، جنھیں اچھے سے اچھے شعر کا ایک ہی مصرعہ (وہ بھی پورا نہیں) یاد رہتا ہے، مولانا ہی سے پوچھتے کہ مولانا، اس کا مصرعۂ ثانی کیا ہے، اور مولانا ہی بتاتے کہ جو مصرعہ آپ پڑھ رہے ہیں وہی مصرعۂ ثانی ہے، مصرعہ اولیٰ یہ ہے۔ اگر کوئی پورا شعر سنا کر ان سے یہ کہتا کہ امیر مینائی نے کیا خوب شعر کہا ہے، تو مولانا فرماتے، جی نہیں آپ کو تسامح ہوا ہے۔ یہ ثاقب کا شعر ہے اور اسی وقت مکتبہ جامعہ کے یوسف کھتری یا راجندر سے دیوانِ ثاقب نکلوا کر اپنے حافظے سے مطمئن ہو جاتے۔ اپنے حافظے کو وہ ہمیشہ اٹنشن حالت میں رکھتے تھے۔ کوئی لفظ ہو، عربی کا یا فارسی کا، ہم اُنھیں سے اس کے معنی پوچھتے کہ جب مولانا موجود ہیں تو پھر کیوں لغت دیکھی جائے۔ فضیل جعفری جب اورنگ آباد سے بمبئی آئے تو ان کے نام کے جغرافیہ سے واقف ہونے کے لیے مولانا سے رجوع کرنا پڑا۔ مولانا نے معنے بھی بتلائے اور فیروزاللغات بھی دکھلا دی۔ ہم جیسے

کاہلوں اور کم علم لوگوں کے لیے مولانا شہاب چلتی پھرتی ریفرنس لائبریری تھے۔ لیکن مرحوم نے شاید ہی کبھی کسی کو یہ محسوس ہونے دیا ہو کہ وہ اس سے زیادہ جانتے ہیں۔ وہ اس درخت کی طرح تھے، جس کی شاخیں پھلوں کے بوجھ سے جھکی رہتی ہیں۔

مولانا شہاب مطالعے کے شوقین یا شائق نہیں، اس کے دیوانے تھے۔ ان کی بینائی، ان کی دبیز شیشوں والی عینک انھیں منع کرتی کہ اتنا نہ پڑھا کیجیے۔ لیکن وہ ہر چیز پڑھتے تھے۔ جدید شاعری، نئے افسانے، فضول مزاح، ہلکی پھلکی ناولیں، یہ سب چیزیں وہ نہ صرف پڑھتے تھے بلکہ اس لگن سے پڑھتے تھے کہ افسوس ہونے لگتا تھا۔ یعنی اس بات کا افسوس کہ کاش لکھنے والوں نے بھی لکھنے میں اتنی لگن سے کام لیا ہوتا۔ انھیں ہر تحریر کی ہر سطر اور ہر لفظ یاد ہوتا تھا۔ اپنے جاننے والوں کی لکھی ہوئی چیزیں وہ خاص طور پر اور ڈھونڈ ڈھونڈ کر پڑھتے اور اپنی رائے سے بھی آگاہ کر دیتے۔ مکتبہ جامعہ میں ادب و شعر کے سبھی خورد و کلاں جمع ہوا کرتے اور مولانا کا ان سب سے یارانہ تھا۔ اُن کی محبت کے سب حق دار تھے۔ مولانا شہاب ہر نئی کتاب پڑھتے اور اس پر تبصرہ کرتے، ان کے تبصرے، آخر عمر تک 'کتاب نما' میں چھپتے رہے۔ جس کتاب پر بھی تبصرہ چھپا، اُس کتاب کا ہر صفحہ اور ہر سطر گواہی دیتی کہ مجھے پڑھا گیا ہے۔ مولانا شہاب اُن تین اشخاص میں سے ایک ہوتے جو پوری کتاب پڑھا کرتے ہیں۔ ایک تو خود مصنف، دوسرا کاتب اور تیسرے مولانا شہاب۔ اول الذکر دو اشخاص تو کتاب پڑھنے پر مجبور ہوتے۔ کیونکہ ایک تو لکھتا ہے، اور دوسرے کو اُجرت ملتی ہے۔ لیکن مولانا شہاب شوقیہ پڑھتے تھے۔

وہ ان تبصرہ نگاروں میں نہیں تھے جو کتاب کو سونگھ کر اس کے بارے میں اظہارِ خیال فرمایا کرتے ہیں۔ مولانا نے اسی ایماندارانہ رویّے کے ساتھ اپنی زندگی گزاری۔

ادبی، دینی، مذہبی اور علمی مجلسوں اور جلسوں میں مولانا ہمیشہ رونقِ محفل بنے رہے۔ انھوں نے معلومات کے سہارے نہیں، علم کے سہارے زندگی گزاری۔ بمبئی میں انھوں نے کتنے ہی علمی ادبی جلسوں کی صدارتیں کیں اور ہنگامہ خیز تقریریں کیں۔ علمی جلسوں میں ان کی موجودگی کسی بڑے سے مقرّر کے لیے خطرے کی علامت ہوتی۔ ان کی موجودگی میں تاریخ کو خلط ملط کر دینا ممکن نہ ہوتا۔ داراشکوہ کے کتب خانے کی بات ہو یا ابوالفضل فیضی کی تصنیفات کا ذکر، امیر خسرو کے سلسلۂ ملازمت کا تذکرہ ہو یا اقبال کے خطبات کی تفصیل، مقرّر کو مولانا شہاب کی فی البدیہہ ترمیم یا تردید کا ڈر لگا رہتا۔

ایسے شخص کو میری رائے میں بہت ہی خشک مزاج اور بے مروّت ہونا چاہیے تھا، لیکن مولانا شہاب تو شاید موم کا دل لے کر آئے تھے۔ اور جس شخص کا دل موم کا ہوگا ظاہر ہے زبان بھی شکر ہی کی ہوگی۔

یوں تو کہنے کو مولانا کا بھی بمبئی میں ایک گھر تھا، لیکن سچ تو یہ ہے مولانا نے کتنوں ہی کے دلوں میں گھر کر لیا تھا۔ وہ اپنے گھر سے چلے گئے، لیکن دلوں سے انھیں کون جانے دے گا!

جشنِ خطیبی

مجھے آپ حضرات نے اس جلسے میں مہمان مقرر کی حیثیت سے بلا کر واقعی مردم
شناسی کا ثبوت دیا ہے' ورنہ آپ چاہتے تو مجھ سے بھی زیادہ کسی بورا اور ناقص العلم شخص
کو بلا کر شرکائے جلسہ سے اپنی کسی پرانی دشمنی کا انتقام لے سکتے تھے منتظمین جلسہ کیا
نہیں کر سکتے ، وہ جسے چاہیں بلائیں اور اس سے جو کام جی چاہے لیں کسی مہمان کے
نرم و نازک ہاتھ میں ایک زنگ آلودہ چینی تھا دیں اور اس سے کہیں یہ بدرنگ ڈوری
کا ٹو ۔اسے کاٹنی پڑے گی۔ کسی مہمان سے کہیں' یہ پتھر اٹھاؤ اور دہاں رکھ دو ۔اس
غریب کو دل پر پتھر رکھ کر یہ کام کرنا ہی پڑے گا ، کیونکہ اسے آپ نے سنگِ بنیاد جیسا
خوبصورت نام دے رکھا ہے ۔ شکر ہے کہ ادبی جلسوں میں ابھی اس قسم کے باربرداری
کے کام شروع نہیں ہوئے ہیں ۔ادبی جلسوں میں مہمان مقرر کو کھڑے رہ کر تقریر کرنی
پڑتی ہے ۔ وہ جتنی لمبی تقریر کرے گا ، خود ہی تھکے گا۔

مقرر کی حیثیت سے چونکہ مجھے یہ حق حاصل ہے کہ میں آپ کا کچھ وقت ضائع
کروں، اس لیے پہلے مجھے ایک نہایت غیر ضروری بات عرض کرنے دیجیے ۔ وہ غیر

ضروری بات یہ ہے کہ میں پہلے آج کے جلسے کی غرض و غایت بیان کروں۔ ہر مقرر اپنی تقریر کی ابتدا میں جلسے کی غرض و غایت اس لیے بتاتا ہے کہ حاضرینِ جلسہ اس سے پہلے ہی سے واقف ہوتے ہیں۔ کیا آپ نے کسی اور جگہ ایسی معیوب رسم دیکھی ہے۔ کیا کسی سینما ہاؤز کے منیجر نے آپ سے کبھی اسٹیج پر آکر یہ کہا ہے کہ آپ سب لوگ آج یہاں فلم دیکھنے آتے ہیں۔ اگر ایسا ہوتا تو اب تک نہ معلوم کتنے منیجر کوچ کر چکے ہوتے۔ کیا کبھی کسی لائبریری میں آپ کو کسی نے یہ اطلاع دی ہے کہ آپ یہاں اخبار پڑھنے آتے ہیں۔،اس لیے اگر میں آپ سے کہوں کہ آپ جشن خطیب میں شریک ہو رہے ہیں تو یہ بات ایسی ہی ہوگی جیسے میں آپ کو بتاؤں کہ آپ کی جنس کیا ہے۔ میں بہر حال اتنا ضرور کہوں گا کہ یہ ایک ایسے شخص کا جشن ہے جو واقعی شاعر ہے۔ جشن سلیمان خطیب کے بارے میں میری پہلی رائے یہ ہے کہ اس میں سب سے بڑی خرابی یہ ہے کہ یہ بہت دیر سے منعقد ہو رہا ہے۔ یہ جشن تو آج سے بہت پہلے ہونا چاہیے تھا کیونکہ سلیمان خطیب کو شاعری میں جس مقام پر آپ آج دیکھ رہے ہیں، اس مقام پر پہنچے ہوئے تو انھیں تقریباً ایک صدی ہوگئی۔ یہ اس وقت سے اسی مقام پر اسٹیچو کی طرح کھڑے ہوئے ہیں۔ اس جشن کے بارے میں میری دوسری رائے یہ ہے کہ اگر یہ جشن منعقد نہ بھی ہوتا تب بھی سلیمان خطیب کا کچھ نہ بگڑتا۔ (ہاں شاید خود وہ تھوڑا بہت بگڑتے)، میں نے تو انھیں جس مشاعرے میں شریک ہوتے دیکھا ہے، وہ انھیں کا جشن معلوم ہوا۔ سلیمان خطیب مشاعرے میں شریک کب ہوتے ہیں، وہ تو مشاعرے پر یلغار کرتے ہیں۔ انھیں شکر ادا کرنا چاہیے کہ مشاعرے لوٹنا ابھی جرائم کی فہرست میں درج نہیں ہوا ہے، لیکن ان کا حلیہ بہر حال پورے ہندستان میں جگہ جگہ درج ہو چکا ہے۔ مزاح گوئی میں سلیمان خطیب اس وقت سب سے سینیر شاعر ہیں۔ یہ بزرگ بھی ہیں اور ذات بزرگ بھی۔ ان کی صورت پر کوئی مزاحیہ علامت نہیں۔ نہایت ہی غیر مزاحیہ حلیہ، جسے دیکھ کر

لوگ سنجیدہ ہی نہیں، رنجیدہ ہو جائیں۔ ان کے کسی کونے سے بھی یہ شبہہ نہیں ہوتا کہ یہ اتنی ضرر رساں اور خطرناک شاعری کر سکتے ہیں۔ ضرر رساں میں اس لیے کہہ رہا ہوں کہ سلیمان خطیب اپنی شاعری سے ہنساتے بھی ہیں اور رلاتے بھی ہیں۔ ان کے یہاں دونوں قسم کی گیسیں پائی جاتی ہیں۔ ہنسی خیز بھی اور اشک انگیز بھی قہقہہ گیس اور آنسو گیس کا یہ مرکب صرف انھیں کے مطب شعر و سخن میں ملتا ہے۔ ان کا اپنا نسخہ ہے۔ ممکن ہے سلیمان خطیب گیسوں کے مریض بھی رہے ہوں، کیونکہ اس مرض میں مبتلا ہوئے بغیر سوسائٹی میں اٹھنے بیٹھنے کی اجازت نہیں ملتی۔ اگر کسی شخص کو گیس کی شکایت نہ ہو تو لوگوں کی رائے اس کے بارے میں خراب ہو جاتی ہے۔

سلیمان خطیب اپنی نظموں کی ابتدا میں ہنسی کا بڑا معقول انتظام کرتے ہیں اور ان کی حرکتوں سے ناواقف سامعین جب ہنستے ہنستے بے قابو ہو جاتے ہیں، یعنی جب ان کے قابو میں آجاتے ہیں، تو یہ ایسی چٹکی لیتے ہیں کہ کہیں سے سی کی آواز بھی نہیں آتی۔ پہلے گدگدی کرنا اور بعد میں چٹکی بھرنا، معلوم نہیں انھوں نے کہاں سے سیکھا ہے۔ ایسا معلوم ہوتا ہے جب یہ چھوٹے بچے رہے ہوں گے، ان کے ساتھ یہی سلوک کیا جاتا رہا ہو، ورنہ ان کے تحت الشعور کے نیچے اس قسم کی شرارت کیسے رکھی ہوتی۔ اس بات کی تحقیق ہونی چاہیے۔

ان کی نظموں سے لوگ اب ڈرنے لگے ہیں۔ یہ پہلے کنجر کی طرح پیٹھ پر ہاتھ پھیرتے ہیں اور پھر وہاں اچانک محمد علی کلے کی طرح کسی نہ کسی مقام پر گھونسہ جڑ دیتے ہیں۔ یہ کہاں کی شرافت اور ظرافت ہے! اس رویے کو ادبی زبان میں غالباً سوشل کانشس نس یا سماجی شعور کہا جاتا ہو۔ ممکن ہے یہ نام درست ہو۔ ایسی ہنسی جو رقت طاری کر دے، ان حضرت کا اپنا ڈھنگ ہے، اور یہ اس کے ذاتی طور پر ذمے دار ہیں۔ یہ ڈھنگ مزاح کی تیکنک کے خلاف ہو یا اس کے عین مطابق، شاعر کا اپنا اسلوب ہے، اور

جو شاعر اپنا راستہ بنا لیتا ہے اسے منفرد کہلانے کا حق ہوتا ہے۔ سلیمان خطیب اس چھوٹے سے لفظ کے، لیکن مشکل کام کے مستحق ہیں۔ مجھے افسوس ہے کہ میرے اس بیان میں کوئی مبالغہ نہیں ہے۔ میں ظرافت کو ہمیشہ شرافت کی ہمشیرہ کہا کرتا ہوں، کیونکہ یہی واقعہ ہے، لیکن سلیمان خطیب کی ظرافت میں شرافت حقیقی نہیں، صرف دو دو ہ شریک بہن کی حیثیت رکھتی ہے۔ اصل میں ان کے ہاں حرارت اور شرارت کا دخل زیادہ ہے۔ وہ ظرافت کے حلیف بھی ہیں اور حریف بھی۔ اس لیے ان کی شاعری، شاعری بھی ہے اور سیاست بھی۔ ان کی شاعری میں ایک اور بات یہ ہے کہ انھوں نے دکھنی بولی اور اردو زبان کا ایک کاک ٹیل بنایا ہے۔ کیسے بنایا یہ انھیں ہی معلوم ہے۔ بولی اور زبان دونوں کو یکجا کرنا غالباً مشکل کام ہے اور پھر سلیمان خطیب بے وزن شاعری بھی نہیں کرتے، حالانکہ بے وزن شاعری بھی اب مقبول ہو رہی ہے۔

سلیمان خطیب کے اشعار کم سے کم میں ٹھیک طریقے سے نہیں پڑھ سکتا، اسی لیے میں نے اب تک ان کا کوئی شعر آپ کے سامنے پڑھا نہیں ہے۔ لیکن کوشش کرنے میں کیا حرج ہے۔ مجھ سے شعر پڑھنے میں جو بھی غلطی ہو، سلیمان خطیب کے حساب میں لکھ بھیجیے گا۔ (ویسے سلیمان خطیب کی کتنی ہی غلطیاں غریب کاتبوں کے سر تھوپی گئی ہوں گی)۔ ملاحظہ ہو۔

جب محبوب نی کا دل محبوب صاحب کے سینے میں فٹ کر دیا جاتا ہے، تو صاحب موصوف فرماتے ہیں:

ان کے بھیدوں مجھے ستاتے ایں	یہ کائیکو دل کو میرے بدل ڈالے
میرے خوابوں میں روز آتے ایں	جتنے عاشق تھے ان کے دنیا میں
عاشقوں کا بزار ہے باشا	کتنی لمبی قطار ہے باشا
پنچ مرشد بھی ان کا عاشق ہے	جس کا بیڑا پڑھا کے بھیجا تھا

چٹھیاں لکھ کے جس سے بھیجا تھا　　بیٹا قاصد بھی ان کا عاشق ہے

اس نظم میں بھی جیسا کہ میں نے پہلے آپ کو اطلاع دی تھی، سلیمان خطیب پینترا بدل کر بھرپور وار کرتے ہیں۔ (عادت سے مجبور ہیں)

میری حالت کو دیکھنے والو　　جتنے پاپی ہیں دل کے کالے ہیں
ان کے دل کو ذرا بدل ڈالو۔

منہ کرتے ہیں بات پھولوں کی: نیچے پاداں کھندلتے جاتے ایں۔ اس قسم کی تفرقہ انگیز باتیں ان کے ہاں بکثرت ہیں۔

پاکستانی دوست سے مخاطب ہو کر یہ صاحب مشورہ یہ دیتے ہیں:

نقاد بے دماغ کی تحریر دل پذیر　　بے حسنی شاعری کا بھی اسٹاک بھیجیے
بے وزن شعر ہوتے ہیں بڑھتا ہے وزن ڈاک　　یہ سوچ کے سمجھ کے ذرا ڈاک بھیجیے

پہلے جو شعر میں نے سنائے تھے وہ دکھنی بول کے تھے اور بعد کے اشعار اردو زبان میں نکالے گئے ہیں۔ یہ شاعری سے زیادہ زبردستی ہے۔ شاعروں کی اور خاص طور پر مرد شاعروں کی زبان ایک ہونی چاہیے، کیونکہ مشہور یہی ہے کہ مردوں کی ایک زبان ہوتی ہے۔

مجھے ایسا محسوس ہو رہا ہے کہ وہ وقت قریب آگیا ہے جب مجھے خاموشی اختیار کر لینی چاہیے۔ آپ نے واقعی بڑے صبر و ضبط سے کام لیا۔ اگر میں آپ کی جگہ بیٹھا ہوتا اور یہ سب کچھ جو میں نے پڑھا ہے، خود مجھے سننا پڑا ہوتا تو میں کب کا سو چکا ہوتا۔

لیکن سلیمان خطیب کا اصل معاملہ اصل میں یہ ہے کہ کبھی ان کی شاعری ان پر اور کبھی یہ خود اپنی شاعری پر حاوی ہو جاتے ہیں، اور ایسا معلوم ہوتا ہے، دونوں میں برابر کی کشتی جاری ہے۔ یوں یہ اپنی مقطع، بنی سنوری وضع قطع کی وجہ سے کبھی شاعر نظر نہیں آتے۔ جس شاعر کی شیروانی کے پورے گیارہ بٹن ہک تک لگے ہوئے ہوں،

وہ شاعر کس طرح نظر آئے گا' اچھا خاصا آدمی دکھائی دے گا۔ سلیمان خطیب ہمیشہ مجھے سامعین ہی دکھائی دیے۔ لوگوں میں ایک عرصے تک ان کے متعلق غلط فہمی پھیلی رہی'' اور جب بھی یہ اپنی مکمل شیروانی اور روئیں دار دہری تہہری ٹوپی کے ساتھ کسی محفل میں یا ڈائس پر نمودار ہوتے' لوگ انھیں دیکھ کر یہ سمجھتے کہ اب ان کے پیچھے سازندے بھی آئیں گے اور انھیں کوئی پھڑکتی ہوئی چیز سننے کو ملے گی۔ لیکن رفتہ رفتہ لوگ ان کی شاعری اور حلیے کے عادی ہو گئے اور اب انھیں کوئی چیز ناگوار نہیں گزرتی۔ بلکہ اب تو بات یہاں تک پہنچ گئی ہے کہ اس مصنوعی حلیے کا جو بھی آدمی کہیں نظر آجاتا ہے' لوگ اس سے ساس بہو کی نظم سنانے کی فرمائش کر بیٹھتے ہیں اور اس شخص کو بڑی مشکل سے یہ کہہ کر پیچھا چھڑانا پڑتا ہے کہ بھائی میں سلیمان خطیب نہیں معقول آدمی ہوں۔

سلیمان خطیب کی شخصیت کا اہم حصہ ان کی وہ ٹوپی ہے جو اگر ان کے سر سے ایک لمحے کے لیے بھی جدا ہو جائے' تو دنیا خالی خالی نظر آنے لگے۔ عافیت اسی میں ہے کہ یہ ٹوپی جہاں رکھی ہے وہیں رکھی رہے۔ ان کی ٹوپی کے باہر جتنے بال ہیں وہی ان کا کل سرمایہ ہیں۔ سیاسی جماعتوں کے مینی فیسٹو بھی ایسے ہی ہوا کرتے ہیں، بظاہر زرخیز اور درحقیقت بے فیض۔

آپ چاہیں اسے میری خود غرضی ہی کیوں نہ سمجھیں' میں اس جشن کو صرف سلیمان خطیب کا جشن نہیں سمجھتا۔ یہ جشنِ طنز و مزاح ہے' اور یہ معمولی بات نہیں کہ اب ہم ہنسنے کی اہمیت سمجھنے لگے ہیں۔ اگر ہم ہنسی کی اسی طرح پذیرائی کرتے رہے تو لوگ یقیناً ہم پر ہنسنا چھوڑ دیں گے۔

(گلبرگہ میں جشنِ خطیب کے موقع پر پڑھا گیا۔)

کئی تخلّصوں کا شاعر

میں کوئی پچھلے ۲۰، ۲۲ سال سے بمبئی رہتا ہوں ویسے میری واقفیت اس شہر سے اس وقت سے ہے، جب کہ یہ شہر کوئن وکٹوریہ کے جہیز میں دیا گیا تھا۔ اس زمانے میں جہیز کے لین دین پر کوئی پابندی نہیں تھی اور جس کے جو جی میں آتا جہیز کے طور پر دے دیتا) میں اب تک یہی سمجھتا رہا کہ یہ شہر، شہر بمبئی ہے، لیکن کچھ دن پہلے ایک تازہ کتاب کے ذریعے مجھ پر یہ عقدہ کھلا کہ میں تو بمبئی سے کوسوں دور رہتا ہوں اور یہ شہر بمبئی نہیں، "شہر مدفون ہے" (مقدور ہو تو ساتھ رکھوں نوحہ گر کو میں) —— اسی کتاب کے ذریعے یہ اطلاع بھی ملی کہ اس شہر کا سراغ لگانے والے کوئی عبدالمجید خاں ہیں ایسا معلوم ہوتا ہے یہ دور ہی انکشافات کا ہے۔ جن صاحب کو میں برسوں سے مرزا عزیز جاوید کے نام سے جانتا تھا' وہ اچانک بنا کچھ کہے سنے، عبدالمجید خاں ہو گئے۔ چلیے ٹھیک ہے

یہ بھی کچھ بُرا نہیں ہوا۔ اُردو شاعری میں اب تک کوئی عبدالمجید خاں تھے بھی نہیں۔ یہ بات بہت دنوں سے کھٹک رہی تھی ورنہ جاوید تو اتنے ہیں کہ اب تو میں جس شاعر سے بھی ملتا ہوں، پہلے پوچھ لیتا ہوں کہ آپ کا تخلص جاوید تو نہیں ہے۔ غنیمت ہے کہ ڈاکٹر اقبال کی تقلید میں لوگوں نے اپنے بیٹوں کے نام بانگِ درا اور بالِ جبریل نہیں رکھے۔

"شہرِ مدفون" کی تزئین کہیے یا تدفین، عبدالمجید خاں کے ہاتھوں عمل میں آئی ہے۔ اس شہر کے انصرام اور اختتام دونوں کا سہرا انھیں کے سر ہے لیکن یہ نکتہ بھی یاد رکھنے کے قابل ہے کہ اگر مُردوں کے اس شہر کو مُردوں کا شہر بنانے کے ذمہ دار عبدالمجید خاں ہیں، تو زندوں کے اس شہر کو رِندوں کا شہر بنانے کا کارنامہ بھی مرزا عزیز جاوید نے انجام دیا ہے۔

"شہرِ مدفون" کے دوسرے یا تیسرے صفحے پر جو خبریں درج ہیں، ان کا لبِ لباب یہ ہے کہ شاعر کا اصل نام عبدالمجید خاں ہے اور تخلص مرزا عزیز، جاوید، دنیا میں کیا نہیں ہو سکتا۔ یہ تو بہت مختصر تخلص ہوا اگر ان کا تخلص جناب مرزا عزیز جاوید صاحب عفی عنہ ہوتا، تو ہم ان کا کیا بگاڑ لیتے۔ شاعر نے اپنے اس کھتری ٹائپ تخلص کو کئی غزلوں میں قسط وار پیش کیا ہے۔ کسی مقطع میں مرزا ہیں، کسی میں عزیز اور کسی میں جاوید جب اس بازی گری سے ان کی تشفی نہیں ہوئی، تو وہ اپنے ایک مقطع میں مرزا صاحب اور دوسرے مقطع میں جاوید صاحب کے نام سے نمودار ہوئے۔ ملاحظہ ہو۔

گھر ہے اور گھر کی یہ آرائش مرزا صاحب ⁂ تم سے اچھا رہا کم بخت سماجی ورکر

(معلوم نہیں وہ کس سوشیل ورکر کے گھر کے اندر چلے گئے تھے)۔ دوسرا مقطع ہے:

تمھاری یہ غزل جاوید صاحب
جو پیشِ حضرت مجروح ہو جائے

اس کے علاوہ صرف جاوید اور خالی عزیز کے کئی قطعے ہیں۔ شاعری کی زبان میں اسے پہلو دار شاعری کہا جاتا ہے۔ پہلو دار شاعری وہ ہوتی ہے جس میں شاعر کو اپنے تخلص کے معاملے میں کسی پہلو قرار نہیں آتا۔

لیکن یہ باتیں معیوب نہیں ہیں (اردو شاعری میں یوں معیوب ہے بھی کون سی چیز) جہاں تک مقطعوں کا تعلق ہے، شاعر کو مکمل آزادی حاصل رہی ہے کہ وہ اپنے مقطع میں، جب کہ پوری غزل اس کے ہاتھ سے نکلی جا رہی ہو، جو تخلص چاہے، استعمال کرے۔ بس تخلص پر ایک چھوٹی سی جھنڈی لہرا دینی چاہیے یہ ریلوے گارڈ کی جھنڈی کی طرح ہوتی ہے۔ ریلوے گارڈ بھی ریل کے آخری ڈبے میں سوار ہوتا ہے اور جھنڈی ہلا کر ریل کے بخیر و خوبی رخصت ہونے کی اطلاع دیتا ہے۔ غزل کے مقطع کا مصرف بھی یہی ہوتا ہے۔ جہاں تک مجھے یاد ہے، غالب بھی اپنے مقطعوں میں کسی پابندی کو خاطر میں نہیں لاتے تھے۔ انھوں نے دو چار مقطعوں میں اپنا پورا نام درج کر دیا ہے۔

مار از مانے نے اسد اللہ خاں تمھیں
وہ ولولے کہاں، وہ جوانی کدھر گئی!

ایک مقطع میں تو غالب نے ایک ہی وقت میں دو تخلص استعمال

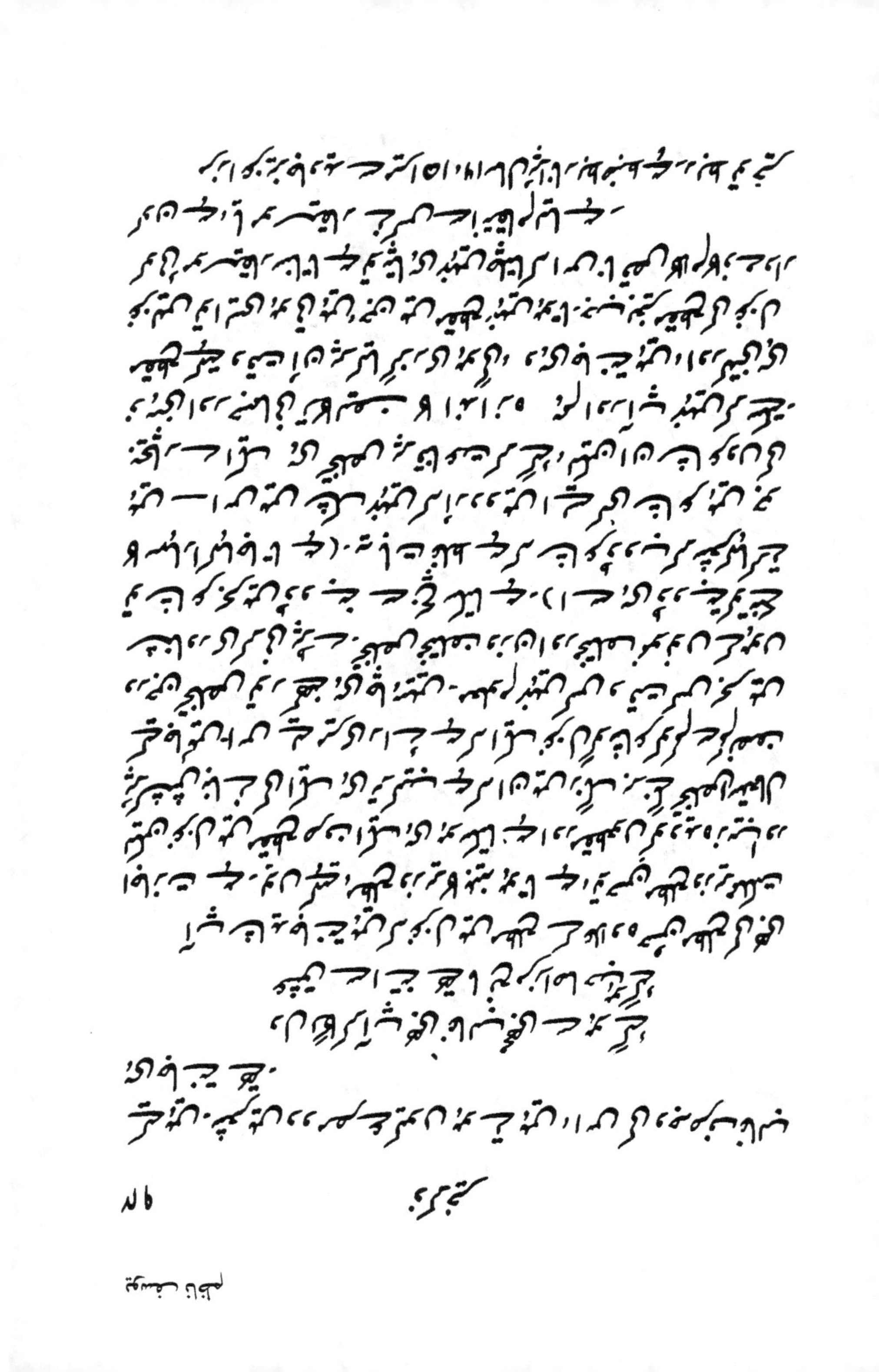

[illegible]

ٹھیک ہے، لیکن ضبط اس لیے کہ ان سے ملاقات کرتے وقت واقعی ضبط کرنا پڑتا ہے۔ بہت سے شاعر ایسے ہیں، جو دن اور رات کے چند لمحوں میں آدمی بھی ہوتے ہیں اور رہی ان کی شاعری کی قباحت ہوتی ہے، مرزا عزیز جاوید کے ہاں یہ قباحت نہیں ہے۔ وہ مسلسل اور مستقل طور پر شاعر رہے ہیں۔ ایسا معلوم ہوتا ہے وہ استقلالِ شاعری کی تحریک کے علمبردار ہیں۔ ان پر سوائے شاعر ہونے کے اور کوئی دوسرا الزام نہیں لگا یا جا سکتا۔ بھرپور شاعری کے لیے اتنی فرصت تو چاہیے ہی، وہ بکثرت محبت اور خلوص سے کام لیتے ہیں۔ میں نے انھیں عام طور پر کام پنتے ہوئے دیکھا ہے، یا تو غصے سے یا کمزوری سے، لیکن چونکہ پنتے کی کوئی چیز وہ ضائع نہیں کرنا چاہتے، اس لیے غصہ بھی پی جاتے ہیں، ایک وقت تھا جب وہ ترنم سے اپنا کلام سنایا کرتے تھے اور اگر میں مبالغہ کرنے کا عادی ہوتا تو کہتا کہ وہ اپنے ترنم سے سماں باندھ دیتے تھے، لیکن سچ یہ ہے کہ ان کے ترنم سے محفل میں جان پڑ جاتی تھی۔ ان کے کلام میں اس لیے جان نہیں پڑتی تھی کہ وہ پہلے سے جان دار ہوتا تھا (یہ بھی مبالغہ نہیں ہے) مرزا عزیز جاوید کو جب یہ احساس ہوا کہ لوگ ان کے ترنم کو زیادہ شوق اور توجہ سے سنتے ہیں تو انھیں بہت افسوس ہوا (یعنی قلق ہوا) اور انھوں نے خود ہی اپنے ترنم پر دفعہ ۱۴۴ لگا دی۔ (ممکن ہے وہ دفعہ ۵۴۱ ہو) اور کہا "سنانا ہے تو صرف شعر سنو اور داد دو"۔ اب کسی سال سے مرزا عزیز جاوید یہ تحت اللفظ میں کلام سناتے ہیں۔ رک رک کر شعر پڑھتے ہیں۔ شعروں کی غزل میں سے ایک شعر عمداً اور ایک شعر قصداً بھول جاتے ہیں بلیکن

داد کے معاملے میں ان کی نظر بہت تیز ہے۔ وہ جب بھی شعر سناتے ہیں، پوری محفل پر کڑی نظر رکھتے ہیں اور دیکھتے رہتے ہیں کہ کہاں سے داد نہیں آرہی ہے۔ داد تو خیر انھیں یوں بھی ملتی ہی ہے، لیکن وہ زبردستی داد وصول کرنے میں بھی تکلف نہیں کرتے۔ میں بھی اس کا قائل ہوں کہ شاعر کو اپنا حق وصول کرنا ہی چاہیے کیونکہ یہ دنیا تو وہ دنیا ہے، جہاں حق کے بغیر بھی لوگ کچھ نہ کچھ وصول کرلیا کرتے ہیں۔

اس شہر مدفون میں، میں نے کئی لوگوں کو خوش و خرم بھی دیکھا ہے۔ لیکن اس کی وجہ ان کی موروثی خوشحالی یا ان کی ذاتی خوش مزاجی نہیں، بلکہ اصل وجہ یہ ہے کہ ان کے حصے کا غم بھی مرزا عزیز جاوید ہی استعمال کرتے رہے ہیں۔ یہ تو وہ خطرناک شاعر ہے جو کہتا ہے:

وقت پی بھی نہ سکے اور گرا بھی نہ سکے
ہو سکے تجھ سے تو وہ زہر بنا دے مجھ کو

غم کے معاملے میں مرزا عزیز جاوید اپنے لیے کسی سیکنڈ پوزیشن کے قائل نہیں ہیں، لیکن یہ ضرور جانتے ہیں کہ اگر اس دوڑ میں ان سے واقعی کوئی آگے نکل گیا ہے تو وہ امام نہیں، مقتدی بننے کے لیے تیار ہیں کیونکہ وہ سوچتے ہیں:

جو مرے حال پہ ہنستا ہوگا
اس کا غم مجھ سے بھی زیادہ ہوگا

اور پھر انھیں یہ بھی خیال آتا ہے کہ:

اس کا دکھ مجھ سے سوا ہے جاوید
اس کا دن کیسے گزرتا ہوگا

آپ اپنی خیریت چاہتے ہیں تو عزیز جاوید سے کبھی ان کی خیریت
نہ پوچھیے۔ یہ بات اُنھیں ناگوار گزرتی ہے۔ کسی شخص نے ایک مرتبہ ان
اُن کی خیریت پوچھی تھی، اس کا صلہ اس شخص کو کچھ اچھا نہیں ملا :

پوچھا تھا مرا حال بڑے پیار سے جس نے
میں دیر تک اس شخص کی پُرسش پہ نہاں ہوا

عزیز جاوید ایسے ہی وحشت ناک، دردناک اور خوفناک شعر کہا
کرتے ہیں اور بڑی معصومیت سے :

آج تک اپنے کو بھی پوجا نہیں   میں نے خود سا آدمی دیکھا نہیں
(ہم نے بھی نہیں دیکھا تھا)

یہ شاعر، ظالم شاعر کہتا ہے :

کتنے قافلوں کی صلیبوں پر چڑھا
پھر بھی یہ کم بخت مرتا ہی نہیں

اس شعر کے بارے میں میں کچھ کہوں گا نہیں، کیونکہ شعر کا ذبیحہ
نقادوں کا کام ہے۔ سادہ دل بندوں کا نہیں۔ بس دو تین مرتبہ شعر
پڑھ لیجیے۔

یہ شاعر، صاف ستھرے کپڑے پہن کر کبھی خوش نہیں ہوا کسی
نے چپکے سے اس کے کان میں کہہ دیا :

ہے جہاں دیدہ زمانے کی نگاہ   صاف کپڑے بھی مرا پردہ نہیں

یہ شاعر واقعی گہرا آدمی ہے اور اس سے ڈرنا مفید ہے۔ یہ وہ
شخص ہے جو کانٹے کی طرح اپنے ہی تلووں میں چھپا اور رات گئے بھیگی
گلیوں میں بے سہارا پھرا ہے۔ یہ جملہ بھی شاید اسی شاعر کے کسی شعر

کی نثر ہے)

ایک مرتبہ مجھے خیال آیا کہ میں عمر میں عزیز جاوید سے بڑا ہوں، اس لیے شاید ان سے کچھ کہہ سن سکتا ہوں (وسوسۂ شیطانی اور کسے کہتے ہیں۔) اچھا ہوا کہ میں نے اُن سے کچھ کہا نہیں اور اس سے پہلے ہی مجھے ان کا ایک شعر یاد آگیا:

خوش ہوں کہ پلٹ آیا لڑکپن کا زمانہ
کچھ لوگ بزرگوں کی طرح ملنے لگے ہیں

جن صاحب نے مرزا عزیز جاوید سے "میری سنو جو گوشِ نصیحت نیوش ہو" کہا ہوگا، اس کا نتیجہ انھیں مل گیا۔ میں خوش ہوں کہ عزیز جاوید نے شہر میں کم سے کم ایک شخص کا قرضہ تو اتارا:

اس خنجر بکف شاعر کے ہاں ایک شعر مجھے اپنے مطلب کا ملا۔ میں کوئی جنت کا داروغہ تو ہوں نہیں، لیکن یہی شعر عبدالمجید خاں صاحب کی نجات کا باعث بن سکتا ہے۔ میر انیس کی نگاہ جب بھی کسی صاحبِ جمال پر پڑتی تھی، تو شیوۂ اہلِ نظر کے مطابق دُرود پڑھا کرتے تھے اور برملا کہتے تھے:

پڑھیں درود نہ کیوں دیکھ کر حسینوں کو •

جن لوگوں کو درود یاد ہے وہ جانتے ہیں کہ درود پڑھنے میں صرف چند ثانیے درکار ہوتے ہیں، لیکن مرزا عزیز جاوید تو ایسے نادر موقعوں پر پوری سورۂ رحمٰن پڑھ ڈالتے ہیں۔ وہ کہتے ہیں:

تمام آیاتِ قرآنی کا، میں حافظ نہیں لیکن
اسے جب دیکھتا ہوں سورۂ رحمٰن پڑھتا ہوں

یہ تو خیر مبالغہ ہے لیکن اگر ہمارے ممدوح صرف فَبِاَیِّ آلاءِ رَبِّکُمَا تُکَذِّبٰن بھی پڑھ لیتے ہیں تو ان کا راستہ صاف ہے۔ انھیں مایوس ہو کر یہ کہنے کی ضرورت نہیں:

کھوٹا سکہ ہوں اگر میں تو زمانے کیا غم
ٹاس کے کام تو آؤں گا اڑا دے مجھ کو

انھیں معلوم ہونا چاہیے کہ دنیا میں کھوٹے سکے بھی چلتے ہیں (بلکہ کھوٹے سکے ہی چلتے ہیں) لیکن میرا مشورہ ہے کہ عزیز جاوید اپنا یہ شعر کسی مزاح گو شاعر کو تحفتاً دے دیں۔ مزاحیہ شاعری کا معیار کچھ تو اونچا ہو۔

عزیز جاوید کے اس تر و تازہ مجموعۂ کلام میں ناشر (خیاباں پبلیکشنز) کی طرف سے ایک شکایت نامہ بھی موجود ہے، جس میں گلہ یہ کیا گیا ہے کہ شاعر کے قریبی دوستوں میں سے کسی نے تعارفی مقدمہ نہیں لکھا۔ مرزا عزیز جاوید کو تو ممنون ہونا چاہیے کہ ایسا نہیں ہوا۔ معلوم نہیں جو شخص بھی مقدمہ لکھتا، خدا معلوم ان کی کتنی تعریفیں کرتا اور لوگ اسے تقریظ سمجھتے۔ یوں بھی تعارفی مقدموں کی چھتریاں انھیں درکار ہوتی ہیں جنھیں تیز دھوپ سے ٹمپریچر اور ہلکی بارش سے زکام ہو جاتا ہے اور بعض وقت تعارفی مقدمے گلے کا زیور ہی نہیں، پاؤں کی زنجیر بھی بن جاتے ہیں۔

ہاں ایک بات تو عرض کرنا بھول ہی گیا، اس مجموعۂ کلام کا نام مجھے کچھ زیادہ بھایا نہیں۔ اس میں کرختگی زیادہ ہے اور میں اس پر اعتراض کرنا چاہا تھا لیکن جب مجھے یہ معلوم ہوا کہ اس مجموعے کا انتساب باقر مہدی صاحب کے نام ہے، تو میں اس کی موزونیت کا قائل ہو گیا۔

تپائی

تپائی میں تین ہی پائے ہوتے ہیں (یہ بات شاید آپ کو پہلے ہی سے معلوم ہے) لیکن تین پایوں کی ہونے کے باوجود تپائی کسی بھی چار پایوں کے اسٹول یا سنٹرپیس سے مضبوطی میں کم نہیں ہوتی، بلکہ جہاں تک خوبصورتی کا تعلق ہے، یہ بہتر ہوتی ہے۔

۳ کا ہندسہ ایسا معلوم ہوتا ہے، ہماری زندگی کا ایک لازمی حصّہ بن گیا ہے۔ ہمارے اکثر و بیشتر کام اور مشاغل اسی ہندسے کے تعلق سے رو بہ عمل لائے جاتے ہیں۔ تگوڑی کی دوڑ ہو یا کوئی اور دوڑ، ایک دو کے بعد جب تک تین نہ پکارا جائے آپ بھاگ نہیں سکتے۔ کسی کی ہپ ہپ ہُرّے کرنی ہو تو تین مرتبہ سے کم نہیں کی جا سکتی۔ تھری چیرس ہی اس تقریب کا عنوان ہے۔ نیلام میں جب تک ساڑھے سات سو ایک، ساڑھے سات سو دو اور ساڑھے سات سو تین نہ کہا جائے، نیلام کسی مقرّر کی تقریر کی طرح جاری رہتا ہے۔ ٹریفک میں بھی تین رنگ ہوتے ہیں۔ ناٹک ڈرامے وغیرہ تیسری گھنٹی پر

ہی شروع کیے جاتے ہیں۔ خاندانی منصوبہ بندی کا نشان مکون ہے ۔ جب بھی کسی
کام کے لیے انعام دینے کا موقع آتا ہے تو انعام بھی سہ ہی دیے جاتے ہیں۔ پہلا ،
دوسرا، تیسرا۔ اولمپک کھیلوں میں تینوں انعام یافتگان کو ایک ساتھ کھڑا کر کے
تصویر بھی کھینچی جاتی ہے ۔ اولمپک میں ایک قباحت یہ ہے کہ اس میں اشک
شوئی کا انعام یعنی کنسولیشن پرائز نہیں ہوتا، جب کہ زندگی کے دوسرے شعبوں
میں یہ بہت ضروری ہے) تین کی مقبولیت کے سلسلے میں اور بھی کئی مثالیں دی
جا سکتی ہیں، لیکن فی الحال اتنی کافی ہیں ۔

اتفاق کی بات ہے کہ شہر بمبئی میں جب بھی نوجوان افسانہ نگاروں کی بات
چھڑتی ہے تو تین ہی نام ابھر کر سامنے آتے ہیں۔ ان تینوں کا ذکر کرنے سے پہلے ایک
بات اور عرض کر دوں کہ بمبئی بڑا غذا دار شہر ہے ۔ ابھی یہاں جدید افسانہ نگاروں کو
قدم جماتے زیادہ دیر نہیں ہوئی تھی کہ یکایک یہ خبر یں کہ اس شہر یں جو تین افسانہ
نگار کچھ بعد کے ہیں ، جدید نہیں جدید تر ہیں۔ میں چونکہ ایسی خبروں میں کافی دلچسپی
رکھتا ہوں تحقیق و جستجو میں مبتلا ہوا تو پتا چلا کہ ادبی نسلیں ذرا تیزی سے بدلتی
رہتی ہیں ۔ جہاں تک انسانی پیڑھیوں کا تعلق ہے ،ان میں جسمانی اور ذہنی
تبدیلیاں اس تیزی سے نمودار نہیں ہوتیں یا اگر ہوتی بھی ہیں تو اخلاق اور
تہذیب و تمدن کے نام پر دبا دی جاتی ہیں۔ اسی لیے اکثر خاندانوں میں چار
چار پیڑھیوں کے مرد و خواتین کو ایک ہی گھر میں رہتے ، ایک ہی دسترخوان پر کھانا
کھاتے اور بعد ازاں ہنستے بولتے دیکھا گیا ہے ، بلکہ ان کے اندرونی تعلقات بھی
ادیبوں اور شاعروں کے آپسی تعلقات کے برعکس ، بڑی حد تک خوشگوار پائے
گئے ہیں (اگر کی مختلف سرحدوں پر ہونے کے باوجود ان میں سرحدی جھگڑوں کی
تعداد اتنی نہیں ہوتی جتنی کہ فی زمانہ ہونی چاہیے) لیکن ادب کے معاملے میں جنریشن

گیپ (فصلِ نسلی) کو حفظِ مراتب کے ذریعے پُر نہیں کیا جاسکتا۔ یہ معاملہ خانہ پُری کا ہے بھی نہیں۔ ادب میں جائنٹ فیملی سسٹم زیادہ پائیدار ثابت نہیں ہوتا۔ اس لیے اگر ان تین افسانہ نگاروں کو "جدید تر" کے نام سے پہچانا جانے لگا ہے تو یہ درخت کے سرسبز ہونے کی علامت ہے۔ یہ اور بات ہے کہ ہر درخت کا سایہ دار ہونا ضروری نہیں۔

یہ تین نوجوان افسانہ نگار، انور خان، سلام بن رزاق اور انور قمر ہیں۔ یہاں ایک بات اور کہہ دوں کہ حال ہی میں باقر مہدی نے راجندر سنگھ بیدی کے فن اور شخصیت سے متعلق ایک مقالہ ایک سمینار میں پڑھا۔ اس مقالے میں انھوں نے تین نام لیے (پھر وہی ۳ کا ہندسہ) بیدی، منٹو اور کرشن چندر، اور کہا کہ یہ ترتیب یوں بھی ہو سکتی ہے، منٹو، بیدی اور کرشن چندر، یا کرشن چندر، منٹو اور بیدی۔ مجھے باقر مہدی صاحب سے کچھ سیکھنا تو ہے نہیں، لیکن ان کی یہ بات دل کو لگی (یوں بھی ان کی کون سی بات چوٹ کی طرح نہیں لگتی) کچھ ایسی ہی بات ان تین نوجوان افسانہ نگاروں کے بارے میں کہی جا سکتی ہے۔ ترتیب میں کیا رکھا ہے، اور میں جس ترتیب سے ان کا ذکر کرنے والا ہوں، اس میں نہ تو مشاعروں کی روایتی تقدیم و تاخیر ہے، نہ دفتری سینیارٹی لسٹ۔ ویسے بھی یہ تینوں ایک ہی چیز کے تین نام ہیں۔ آپ کسی ہوٹل میں کھانا کھا کر دیکھیے، آپ جتنے بھی سالن منگائیں گے، سب کا مزہ ایک سا ہوگا۔ کچن میں اسے کیا کہتے ہیں پتا نہیں، لیکن ادب میں اسے رویہ (Trend) کہا جاتا ہے۔

انور خان، سلام بن رزاق اور انور قمر ہم عصر بھی ہیں اور ہم عمر بھی۔ ہم عصری کے لیے ہم عمری کی شرط لازمی نہیں ہے، لیکن ان تینوں نے اخلاقاً

اس کا لحاظ رکھا ہے اور قریب قریب کی تاریخوں میں نہ صرف پیدا ہوئے ہیں بلکہ ان کی افسانہ نگاری کے آغاز کی تاریخوں میں بھی زیادہ فاصلہ نہیں ہے۔ صاحبِ کتاب بننے میں بھی ان تینوں نے اس بات کا خیال رکھا کہ ۱۹۷۶، ۱۹۷۷ اور ۱۹۷۸ میں سے کوئی سال بچنے نہ پائے۔ پہلے "راستے اور کھڑکیاں" "کھلیں (۱۹۷۶) پھر "ننگی دوپہر میں سپاہی" کی روانگی عمل میں آئی (۱۹۷۷) اور اس کے بعد معاملہ "چاندنی" کے سپرد ہوا (۱۹۷۸)۔ ان تینوں میں انور خان کا قد ذرا نکلتا ہوا ہے، اس لیے کھڑکیوں تک ان کا پہنچنا مشکل نہ تھا۔ کھڑکیوں ہی سے انھوں نے جھانک کر بہت کچھ دیکھا اور شاید سیکھا بھی۔ سلام بن رزاق، بدیہی طور پر عربی النسل معلوم ہوتے ہیں اور جب سے عربوں نے بیروت کی تکلیف کی وجہ سے ہندستان میں عارضی قیام کو اپنا وطیرہ بنایا ہے، سلام بن رزاق کے بارے میں بھی شبہ ہونے لگا ہے کہ وہ انھیں میں سے ایک ہیں۔ بلکہ یہ بھی مشہور ہے کہ انھوں نے ہی لوگوں سے خط لکھوا لکھوا کر عربوں کو یہاں مہمان بلوایا ہے۔ ان کے مجموعے کے نام میں عربستان کی چلچلاتی دھوپ اور ان کی مارشل اسپرٹ، دونوں موجود ہیں۔ یوں وہ جسم و ذہن کے اعتبار سے کافی حد تک معتدل ہیں۔ انور قمر سے شاید کسی نے کہہ دیا ہو گا کہ اپنی تخلیق پر اپنے نام کی چھاپ ہونی ہی چاہیے۔ اس لیے انھوں نے اپنے مجموعے کے نام میں قمر اور چاندنی کا تعلق اسی طرح برقرار رکھا ہے، جیسے کسی مشاعرے میں اعلان کیا جائے کہ چاند جب تک پوری طرح بادلوں کی اوٹ سے نکل نہیں آتا، کامل نہیں کہلاتا۔ بیچ کامل چاند پوری مانگ پر آ رہے ہیں۔

جہاں تک کہانیوں کے عنوانات کا تعلق ہے، ان تینوں میں بکثرت قومی یکجہتی پائی جاتی ہے (اس قومی یکجہتی کے لیے سارا ملک کس قدر پریشان ہے لیکن

یہ دستیاب نہیں ہوتی) چند عنوانات یہ ہیں۔ کوّوں سے ڈھکا آسمان، قصہ دیو جالس جدید، چوراہے پر ننگا آدمی، زنجیر ہلانے والے، ٹیڈی بیر نے کیا سوچا اور جب بوڑھا فریم سے نکل گیا۔ میں نے اگر ہوٹل کے سارے کھانوں کے ایک ہی ذائقے کے ہونے کی بات کہی، تو اس میں بگڑنے کی کیا بات تھی!

ان تینوں میں انور خاں سے میری شناسائی کی مدت لمبی ہے۔ یہ مکتبہ جامعہ کے دیرینہ خیر خواہوں میں سے ہیں۔ (مکتبہ جامعہ کی کتابیں کم بکیں، اس میں ان کا بڑا ہاتھ ہے)۔

میری ان سے اس وقت سے ملاقات ہے، جب خود شاہد علی خاں یہاں موجود ہوا کرتے تھے اور روزانہ شام کے اوقات میں حاضرینِ مکتبہ میں چائے تقسیم کیا کرتے تھے۔ اس وقت وہاں بیٹھنے والوں میں مسلّمہ طور پر انور خان سب سے کم عمر تھے۔ انور خان پچھلے ۱۲، ۱۵ سالوں سے تو وہاں ضرور بیٹھ رہے ہیں۔ کتابوں کے سایے میں پل کر جوان ہونے کی اس سے بہتر مثال اور کہیں نہیں ملے گی۔ انور خان صرف لکھتے ہی نہیں، پڑھتے بھی بہت ہیں۔ مجھے اس وقت بھی شبہ تھا کہ یہ بہت پڑھتے ہیں اور ادھر کچھ دنوں سے مجھے اس کا یقین ہو گیا کہ یہ اتنا پڑھے بغیر مانیں گے نہیں۔ لیکن پہلے وہ صرف ریہرسل کرتے تھے، اب اسے اصل ایکٹ کا رتبہ حاصل ہو گیا ہے۔ ابتدا میں یعنی آدمی جب مطالعہ شروع کرتا ہے تو ہر کسی کتاب کا معترف ہو جاتا ہے (شخص کا بھی) اور رفتہ رفتہ معترض بنتا ہے۔ انور خاں نے یہ منزل طے کر لی ہے، اور اس بات کی احتیاط کی ہے کہ اپنی بردباری کو اپنے علم پر قربان نہیں کیا ہے، ورنہ بہت سے لوگ علم کو خشونت سے الگ نہیں کر سکتے دانش مندی اور دانشوری میں یہی فرق ہے۔ اکثر ایسا ہوا کہ مکتبہ جامعہ سے اٹھتے وقت، میں اور انور خان ایک ساتھ اٹھے (ان دنوں ان کی شادی بھی نئی نئی ہوئی

تھی اور وہ جلد گھر جایا کرتے تھے۔) ایک ہی راستے پر چلتے اور وہ اپنے گھر سے کچھ دور آگے چل کر نیبر ہڈ ہاؤس تک میرے ساتھ آتے۔ یہی وہ بیش قیمت لمحات تھے۔ جب مجھ پر اس بات کا انکشاف ہوا کہ انور خان چاہیں تو نارمل رہ سکتے ہیں۔ گذشتہ دس پندرہ سالوں میں ان کی عمر میں کافی اضافہ ہوا ہے اور اسی حساب سے ان کی بشاشت بھی وسیع ہوگئی ہے۔ اس سے اندازہ ہوتا ہے کہ خواہ مخواہ اور زبردستی کے مطالعے نے انھیں بہت زیادہ نقصان نہیں پہنچایا ہے۔ یہ بات ان کی کہانیوں کے مختصر ہونے سے بھی ثابت ہوتی ہے۔ ان کی کہانیوں کے مجموعے کا دوسرا اڈیشن بھی چھپ چکا ہے۔ (پہلے اڈیشن میں کتابیں کم چھپوائی جائیں تو اس کے فوائد بے حساب ہیں) اب انور خان کی وہ مسکراہٹ ہنسی میں تبدیل ہوگئی ہے۔ (دوسرے اڈیشن سے اس کا کوئی تعلق نہیں ہے) مجھے یہ کہنے میں کوئی باک نہیں ہے کہ اگر انور خان سے میری ملاقات نہ ہوتی تو شاید میں نئے افسانوں کے پڑھنے کی طرف راغب نہ ہوتا۔ (رہنمائی کے لیے ہی نہیں، گمراہی کے لیے بھی ایک مددگار کی ضرورت ہوا کرتی ہے) میں کوئی بہت زیادہ باخبر آدمی نہیں ہوں، لیکن مجھے ایسا محسوس ہوتا ہے کہ انور خاں پر پہلے کسی کا سایہ تھا اب وہ آزاد ہیں (یہ جھاڑ پھونک کس نے کی، پتا نہیں)

سلام بن رزاق کو میں نے پڑھا پہلے اور ملاقات ان سے بعد میں ہوئی۔ مکتبہ جامعہ میں، میں نے انھیں اکثر دیکھا (طرح طرح کے مناظر وہیں نظر آتے ہیں)، لیکن تعارف دیر میں ہوا۔ سمٹے سمٹائے بیٹھے رہتے۔ چہرے پر بکثرت نوجوانی کے آثار۔ ایک معلّم کا اتنا خوش و خرم ہونا، کچھ عجیب سا محسوس ہوا۔ پھر کسی نے بتایا کہ یہ ہیں ہی خوش رہنے کے شوقین۔ (یہ تحریک زیادہ سے زیادہ پھیلنی چاہیے) ان کے نام کے تقریباً سارے حروف ایک دوسرے سے الگ رہتے

ہیں۔ انھیں جوڑا نہیں جا سکتا۔ غنیمت ہے کہ یہ ٹوٹ پھوٹ ان کے مزاج میں نہیں ہے۔ معلّق، مسلسل مسکراہٹ اور مختصر مونچھوں نے انھیں مکمل بنانے میں مدد کی۔ ان کے قد نے ان کی فہم و شعور کا ساتھ نہیں دیا، لیکن انھیں کون سی ملٹری کی سروس کرنی تھی جو وہ اس طرف توجہ دیتے اور اپنا وقت ضائع کرتے۔ یہ کہانی دل کھول کر لکھتے ہیں اور اس بات کا خیال رکھتے ہیں کہ کوئی حسرت دل میں نہ رہ جائے۔ جو کہنا چاہتے ہیں اسے علامت زدگی پر قربان نہیں کرتے (عربی النسل لوگ کوئی بات ڈھکی چھپی نہیں رکھتے) سلام بن رزاق موسموں کا اثر قبول کرنے کے عادی نہیں ہیں اور یہ جیسے پہلے تھے ویسے ہی اب بھی ہیں۔ آخر وضع داری بھی کوئی چیز ہوتی ہے۔ بہ ظاہر یہ بہت سیدھے سادے اور بے پروا آدمی نظر آتے ہیں، لیکن جب میں نے ان کا پیش لفظ پڑھا تو اندازہ ہوا کہ یہ اندر ہی اندر کتنے فکرمند اور خوف زدہ ہیں۔

"انسانی قدروں کی بساط مضحکہ خیز طور الٹ گئی ہے۔
وزیر شاہ پر سوار ہو گیا ہے۔
ہاتھی گھوڑے کہیں کے کہیں جا پڑے ہیں۔
اور ــــ پیادے چاروں شانے چت پڑے ہیں۔"

سلام بن رزاق کی شکایت بیجا نہیں معلوم ہوتی، لیکن اس میں، میں ایک ہی ترمیم پیش کروں گا۔ (ترمیمیں پیش کرنے کی مشق مجھے اسمبلیوں کی روداد پڑھ پڑھ کر ہوئی) وہ یہ کہ شطرنج میں، وزیر کا درجہ، شاہ سے بلند ہوتا ہے اس لیے وزیر کا شاہ پر سوار ہونا قابلِ اعتراض بات نہیں ہے، بلکہ ضروری ہے۔ میرا خیال ہے کہ شطرنج کا کھیل اسی لیے ایجاد کیا گیا تھا کہ ساری دنیا کے بادشاہوں کو خبردار کیا جائے کہ ہوشیار رہو، تمھیں تو پیادہ مات بھی ہو سکتی ہے

(بادشاہوں کی مات اور موت میں کچھ زیادہ فرق نہیں ہوتا) سلام بن رزاق کو بہر حال اتنا پریشان نہیں ہونا چاہیے۔ طبی نقطۂ نظر سے ذہن پر بہت زیادہ بار ڈالنا مناسب نہیں ہے۔ پیادے وقت آنے پر خود بخود اٹھ کھڑے ہوں گے

انور قمر سے تو میں اور بھی کم ملا ہوں۔ شروع شروع میں تو ان سے قدرے خائف رہا اور جب بھی ان سے ملتا یہ محسوس کرتا، کسی غنیم سے ملاقات ہو رہی ہے۔ لیکن یہ ہارڈ نٹ نہیں اخروٹ ثابت ہوئے۔ ان کے چہرے پر کچھ عجیب سی کیفیت پائی جاتی ہے۔ معلوم ہوتا ہے یہ دل ہی دل میں کھول رہے ہیں۔ اکثر و بیشتر ان کا چہرہ سرخ ہو جاتا ہے۔ ایسا محسوس ہوتا ہے جیسے پورے شہر میں یہی ایک شخص ہے، جس کا خون سفید نہیں ہوا ہے۔ (انھیں کسی دن اپنی فصد کھلوانی چاہیے) ان سے گفتگو کرنا کافی مشقت آمیز عمل ہے۔ یہ چند ہی جملوں میں اتنا علم بکھیر دیتے ہیں کہ سمیٹنا مشکل ہو جاتا ہے۔ کئی دن پہلے مکتبہ جامعہ میں، میں نے ایک مرتبہ ان کے چہرے پر مسکراہٹ بھی دیکھی تھی، لیکن اس سے پہلے کہ میں اس سے محظوظ اور مستفید ہو سکتا یہ اسے پی گئے۔ یہ اپنے ہم عمر اور ہم عصر افسانہ نگاروں میں بہ لحاظ جسم و ساخت، نسبتاً ضخیم ہیں۔ کہا جاتا ہے کہ کاٹھی اچھی ہو تو افسانہ نگاری آسان ہو جاتی ہے۔ میرا خیال ہے انور قمر بہت سوچتے ہیں۔ انھیں راستہ چلتے وقت بہت احتیاط سے چلنا چاہیے، بلکہ یہ تنہا پیدل نہ چلا کریں تو بہتر ہے یا کچھ سوچنا ہو، گھر بیٹھ کر سوچا کریں۔ ہر چیز کو ہر زاویے سے دیکھتے ہیں، بلکہ جو زاویے اس چیز میں نہیں ہوتے انھیں بھی استعمال میں لاتے ہیں۔ کہانیوں میں سچ بولنا ضروری سمجھتے ہیں۔ تلخ نوائی کا کوئی موقع ہاتھ سے جانے نہیں دیتے۔ اپنی اس کج ادائی کے باوجود حیرت ہوتی ہے کہ یہ بڑے لحاظ کے آدمی ہیں (باغی ہونے کا مطلب یہ نہیں ہوتا

کہ ہر جگہ بغاوت کا علم لہرایا جائے)" چاندنی کے سپرد" کا انتساب ان کے اس لحاظ اور ان کی وفاداری بشرط استواری کا صداقت نامہ ہے۔ اس ایک بات نے مجھے ان سے بہت دور رہتے ہوئے کتنا قریب کردیا۔ شاید آئن اسٹائن نے کہا تھا کہ حرکت محض اضافی ہے (اس حوالے سے اگر آپ پر کچھ رعب پڑا ہے تو میں آپ کا ممنون ہوں) لیکن اس شبہہ میں مبتلا نہ ہو جائیے کہ میں اس نظریے کو سمجھتا ہوں۔

بمبئی مختلف، متعدد اور متضاد ادبی رویّوں کا شہر ہے۔ کون سا رویّہ ان میں جاں بخش ہے اور کون سا جان یوا مطے نہیں ہے۔ لیکن یہ طے ہے کہ یہاں جاں بخشی کی گنجائش کم ہے۔ اور یہ بھی طے ہے کہ ادب کے دیوان خانے میں ان تینوں جدید تر افسانہ نگاروں کی موجودگی اس خوبصورت تپائی کی طرح ضروری ہے، جو نہ ہو تو اس کی کمی بری طرح کھلے۔ دیوان خانے صرف آرام دہ صوفوں، دبیز پردوں اور نرم تکیوں سے نہیں بنتے، تپائی بے حد ضروری چیز ہے۔

گٹھری "واہیات" کی

رضا نقوی واہی سے ملاقات اُس وقت ہوئی جب ہم دونوں آثارِ قدیمہ ہوچکے تھے لیکن وہ مجھ سے بھی پہلے کے آثارِ قدیمہ تھے اور میں اُسی وقت ملازمت سے سُبکدوشں ہوا تھا۔ انھوں نے شاید ملازمت کے دوران کام بھی کیا تھا اِس لیے وہ جلد ہی علیل ہوگئے اور اُن دنوں جب وہ ہم سے ملے اُن کی صحت "نہ بولا جائے ہے مجھ سے" کی حد تک تو نہیں پہنچی تھی لیکن تھی کافی خراب۔ وہ نہ صرف ہم لوگوں سے ملنے کے لیے اچھے ہوگئے تھے درنہ کہا جاتا ہے کہ وہ اپنی علالت ہی کو وظیفۂ حُسنِ خدمت سمجھ کر مسرور و مطئین تھے۔ وہ حیدرآباد بھی گئے، بمبئی بھی آئے لیکن بااتفاقِ آرا اُ ہم دونوں ایک دوسرے سے محفوظ تھے۔ دسمبر ٦٩ میں جب پٹنہ میں انھوں نے جشنِ ظرافت کا اہتمام کیا تو انھیں دیکھنے کا موقع ملا در مزاح نگاروں میں قابلِ دید وصرف احمد جمال پاشا تھا، باقی سب یوں ہی ہیں۔ بھرتی کے شعر کی طرح! ملے تو بولے بیماری سے اُٹھا ہوں پھر بولے نہیں نہیں بیماری سے اُٹھا ہوں کہاں صرت بستر سے اُٹھا ہوں۔ مشہور یہ ہے

کہ اس موقعے سے فائدہ اُٹھا کر اُن کا بستر بھی بدلا گیا) میں نے کیا کیا مجھے یاد نہیں ہے اور نہ اس وقت کوئی ایسا جملہ سوجھ رہا ہے کہ اپنی جودتِ طبع کا اشتہار دوں لیکن میں نے دیکھا کہ وہ ہنس رہے تھے۔ ممکن ہے میں نے کچھ کیا ہی نہ ہو اور وہ یوں ہی اخلاقاً ہنس رہے ہوں کیوں کہ میں نے پہلے بھی سُن رکھا تھا کہ رضا نقوی واہی اخلاق کا دامن کبھی نہیں چھوڑتے اور پٹنہ کے چار دن کے قیام کے دوران بھی سب نے یہی دیکھا کہ اخلاق کا دامن کبھی اُن کے سیدھے ہاتھ سے نہیں چھوٹا۔ حیدرآباد سے آئے ہوئے قافلے کے کوئی نصف درجن افراد تھے اور باوجود اس کے کہ ہر جگہ فرش بچھا ہوا تھا، رضا نقوی واہی یوں بچھے جا رہے تھے جیسے یہ سب اُن کے سمدھیانے سے آئے ہوئے ہوں۔ کہتے تھے میں جب بھی بچھتا ہوں صحت اچھی رہتی ہے (ہر شخص اپنی صحت کے لیے الگ الگ نسخے استعمال کرتا ہے اور بعد میں پچھتاتا ہے) میرا گمان یہ ہے کہ حیدرآباد اُنھیں زیادہ پسند آیا۔ فرماتے ہیں:

یوں تو کیا ہے میں نے سفر ملک میں بہت
کیوں کہ مشاعروں کی کبھی بھی کمی نہیں
لیکن جو لطف ارضِ دکن میں مجھے ملا
حاصل ہوا وہ لطف کہیں اور بھی نہیں

یہ کوئی نئی بات نہیں ہے۔ حیدرآباد کی تاریخ بتاتی ہے کہ شمالی ہند کے لوگوں کو حیدرآباد ہمیشہ سے پسند رہا ہے اور رہا ارضِ دکن کا معاملہ تو محمد بن تغلق کا ارادہ تو پوری دلّی ہی کو یہاں منتقل کر دینے کا تھا۔ جہاں تک میرا حافظہ کام کرتا ہے (کبھی کبھی کرتا ہے) صرف فانی بدایونی نے

اتنا کہا تھا :

فانی دکن میں آ کے یہ عقدہ کھُلا کہ ہم
ہندُستاں میں رہتے ہیں ہندُستاں سے دور

رضا نقوی واہی پٹنہ کے جس محلے میں رہتے ہیں اُس کا نام گردنی باغ ہے۔ اِس قسم کے خوفناک اور ڈراکلا قسم کے نام کے محلے کہیے یا علاقے، ہر شہر میں موجود ہیں ۔ اورنگ آباد میں ایک مقام ہے کالا چبوترا ۔ آخر یہاں بھی لوگ رہتے ہیں۔ تحقیق کرنے پر معلوم ہوا کہ یہاں مجرموں کو پھانسی دی جاتی تھی۔ بمبئی شہر میں کوئی شیطانی چوکی موجود ہے لیکن وہاں بھی آدمی ہی رہتے ہیں۔ اس لیے اگر رضا نقوی واہی گردنی باغ میں رہتے ہیں تو اس سے ان کی شاعری پر کیا حرف آ سکتا ہے بلکہ رضا نقوی واہی کو رہنا ہی ایسی جگہ چاہیے۔ مزاح گوئی کو تقویت پہنچتی ہے۔ اِسی علاقے میں بیٹھ کر رضا نقوی واہی نے شعر کہہ کہہ کر لوگوں کی گردن ناپی۔ (گردنی دینا ایک محاورہ بھی ہے۔ یہ پہلوانوں کے داؤ پیچ میں سے ایک داؤ ہے جو دارا سنگھ کے ڈیتھ لاک کی طرح قطعی اور فیصلہ کن تو نہیں ہوتا لیکن اسی کے قریب قریب کی چیز ہوتا ہے) آدمی کی گردن اچھے بُرے ہر معاملے میں سب سے پہلے استعمال ہوتی ہے۔ کسی کو کہیں سے باہر کرنا ہو تو گردن ہی میں ہاتھ دے کر باہر نکالا جاتا ہے۔ (البتہ خلد سے جب آدمی کو نکالا گیا تھا تو اس کی ضرورت پیش نہیں آئی تھی) معشوق کی تصویر دیکھنی ہو تو گردن جھکا کر ہی دیکھی جاتی ہے۔ آدمی کے جسم میں رگِ حمیت کے علاوہ اور بھی بیسوں رگیں ہیں جن میں شہ رگ بہت مشہور ہے وہ بھی گردن ہی کے علاقے میں نصب کی گئی۔ آدمی کو جب بھی اکڑنا ہوتا ہے گردن پہلے اکڑتی ہے بعد میں دوسری

چیزیں۔ کچھ کم سخن لوگ زبان نہیں صرف گردن ہی ہلاکر ہاں یا نہیں فرمایا کرتے ہیں اس کے علاوہ گردن کی اور بھی کئی خصوصیات ہیں جیسے کہ اس کا صراحی دار ہونا یا پتلا ہونا لیکن ان ساری تفاصیل کا یہاں موقع نہیں ہے۔ صرف عرض یہ کرنا ہے کہ گردن کی انھی متضاد خصوصیتوں کی بنا پر اس کے نام سے منسوب علاقے کے لیے یہی ترکیب موزوں تھی۔ گردنی باغ۔ اور یہی متضاد رنگ رضا نقوی واہی کے ہاں ہے۔ شخصی طور پر وہ رقیق القلب ہیں۔ کلام میں شقی القلب۔ کسی کو معاف نہیں کرتے۔ خالص اسلامی اصول پر سنگسار کرتے ہیں۔ آپ کو یقین نہیں آیا شاید میری بات پر۔ متاعِ واہی تو ہوگی ہی آپ کے پاس۔ ذرا دیکھیے تو نظمیں۔ محقق، نقاد، پروفیسر اور پی ایچ ڈی وغیرہ وغیرہ۔ ان کی یہ نظمیں پڑھ کر کتنے ہی لوگ اپنے اپنے کام سے تائب ہوگئے۔ بے روزگاروں کی تعداد میں غیر معمولی اضافے کی ایک وجہ یہ بھی ہے۔ اکبر الہ آبادی بھی کسی کو معاف نہیں کرتے تھے لیکن کچھ ایسا بندوبست کرتے تھے کہ اُن کے تیر و تفنگ کی زد پر آنے والے لوگ کہتے تھے :

کیا کہیے جاں نوازیِ پیکان یار کو
سیراب کر دیا دلِ جنت گزار کو

لیکن رضا نقوی واہی اپنی تلوار کو کبھی نیام میں نہیں کرتے۔ امیر مینائی نے کیا خوب شعر کہا ہے:

گردن تنِ بسمل سے جدا ہوگئی کب کی
گردن سے جدا خنجرِ قاتل نہیں ہوتا

اکبر الہ آبادی کی یاد اصل میں اس وجہ سے آئی کہ موصوف بھی سنجیدہ

شاعری کرتے تھے اور اتنی کرتے تھے کہ کلیات کھڑی کردی۔ رضا نقوی واہی کا بھی یہی حال ہے۔ یہ بھی پہلے سنجیدہ شاعری کرتے تھے، ہیل عظیم آبادی نے جب ان کی شاعری کو غور سے دیکھا (یعنی پڑھا) تو انھیں یہ شاعری غالباً مزاحیہ نظر آئی (اپنا اپنا زاویۂ نگاہ ہے) انھوں نے ہی ہمت کرکے ہمارے ممدوح سے کہا کہ پوری طرح مزاحیہ کلام کہا کرو۔ اردو شاعری کی تاریخ میں ایسے واقعات کم ہیں۔ کسی شاعر کو سیدھے راستے پر لگانا ممکن نہیں۔ معلوم نہیں سہیل عظیم آبادی سے یہ کام کیسے ہوگیا۔ اصل میں وہ پرانے کانگریسی تھے اور پرانے کانگریسی کوئی نہ کوئی کام کرلیتے تھے۔ اس نوعیت کا دوسرا واقعہ فکر تونسوی کا ہے۔ موصوف بھی پہلے سنجیدہ شاعری ہی کرتے تھے اور سمجھتے بھی تھے کہ کرسکتے ہیں (یہ شاعری کیسے خوش فہمی میں مبتلا نہیں کرتی) ان کی ترکِ شعرگوئی کا سہرا سہیل عظیم آبادی کے سر تو نہیں بندھتا لیکن فکر تونسوی کی کتاب "چھٹا دریا" کا مقدمہ انھوں نے ہی لکھا تھا۔ مطلب یہ کہ فکر کی شاعری ترک کرنے پر وہ کافی خوش تھے۔

سہیل عظیم آبادی کے ذکر پر یاد آیا کہ رضا نقوی واہی نثر بھی عمدہ لکھتے ہیں اور اس میں اثر بھی ڈالتے ہیں۔ کبھی سہیل صاحب پر ان کا مضمون پڑھا تھا۔ اب ڈھونڈتا ہوں تو ملتا نہیں ورنہ دو چار جملے بطور ثبوت حاضر کردیتا۔ ویسے رضا نقوی واہی خط وکتابت کے بھی شوقین ہیں۔ میرے نام انھوں نے کوئی منظوم خط تو نہیں بھیجا لیکن نثر میں کافی طویل خط بھیجے۔ پچھلے دنوں ان کا جو خط ملا تھا وہ خط نہیں، کسی قسم کا مقالہ تھا۔ صحیح لفظ پیپر ہوگا۔ میں ابھی تک اسے پڑھ رہا ہوں۔

منظوم خط لکھنے کا طریقہ بھی غالباً اکبر الہ آبادی نے شروع کیا تھا۔

شبلی کے نام اُن کا بھیجا ہوا دعوت نامہ آپ کی نظر سے بھی گزرا ہوگا۔

آتا نہیں مجھ کو قبلہ قبلی
بس صاف یہ ہے کہ بھائی شبلی
تکلیف اُٹھاؤ آج کی رات
کھانا یہیں کھاؤ آج کی رات
حاضر جو کچھ ہو دال دلیا
سمجھو اس کو پلاؤ قلیا

یہ تو چٹھی تھی زیادہ سے زیادہ رقعہ۔ رضا نقوی واہی نے تو منظوم مکتوب نویسی کو شعر کی ایک شاخ بنا دیا (شاخ اور صنف میں کافی فرق ہوتا ہے) اُن کے مجموعۂ کلام "متاعِ واہی" میں مجھے ۲۶ خط ملے۔ منظوم خطوں میں خیریت مطلوب ہے اور دیگر احوال یہ ہے، لکھنا انھوں نے ہی شروع کیا۔ (بلکہ ختم بھی کیا) ڈاکٹر سید محمد عقیل کے نام خط یوں شروع ہوتا ہے:

مُدت سے کیوں خموش ہیں اے حضرتِ عقیل
کیوں آج کل ہے خط و کتابت میں اتنی ڈھیل

ڈھیل کا قافیہ ان کے ہاں مطلع میں آیا ہے جب کہ غالب کا قصیدہ اِسی لفظ پر ختم ہوتا ہے

قبلۂ کون و مکاں خستہ نوازی میں یہ دیر
کعبۂ امن و اماں عقدہ کشائی میں یہ ڈھیل

(غالب اپنے آپ کو ہمیشہ خستہ ہی کہا کرتے تھے) یہ شعر تو یہاں یوں ہی یاد آگیا ورنہ کہنا مجھے یہ تھا کہ رضا نقوی واہی کا قافیہ کبھی تنگ نہیں ہوا۔

ڈھونڈ ڈھونڈ کے قافیے نکالتے ہیں — اچھی بات ہے کیونکہ شاعری اگر قافیہ پیمائی نہیں ہے لیکن ہے قافیوں ہی کے چمتکار کا کھیل — لیکن مجھے اپنی اس رائے پر اصرار نہیں ہے۔ رضا نقوی واہی کی نظروں میں میری شعر فہمی مشکوک ہے اسی لیے جب بھی انھوں نے مجھے خط لکھا نثر میں لکھا۔ اے ایاز قدرِ خود بشناس۔

یوں تو شاعر کو اپنا سارا کلام ہی پسند ہوتا ہے کیونکہ اسے اولادِ معنوی کہا گیا ہے لیکن رضا نقوی واہی کو، خصوصیت سے اپنی نظم "شعرستان" پسند ہے۔ میں نے اوپر کی سطروں میں بھی کہیں کوئی رائے دی تھی اور کہا تھا کہ مجھے اس پر اصرار نہیں ہے لیکن اس رائے پر ہے کیوں کہ میں اچھی طرح جانتا ہوں کہ جو شخص ان کی یہ نظم نہیں پڑھتا رضا نقوی واہی اس سے ناراض ہو جاتے ہیں اور اُس وقت تک ناراض رہتے ہیں جب تک وہ شخص پرائشچت نہیں کر لیتا۔ (نظم پڑھ کر داد دینے کو پرائشچت بھی کہا جاتا ہے)، جہاں تک میرا تعلق ہے۔ میں اِس معاملے میں شروع ہی سے محتاط رہا ہوں۔ "شعرستان" اچھی خاصی منظوم کہانی ہے بلکہ ناولٹ ہے جو ۱۰، ۸ ابواب پر مشتمل ہے معلوم نہیں اکبر الہ آبادی دفتر میں بیٹھ کر شاعری کرتے تھے یا نہیں، لیکن قیاس یہ کہتا ہے وہ ایسا نہیں کر سکتے ہوں گے کیونکہ وہ مجسٹریٹ تھے اور اُنھیں کھُلی عدالت میں بیٹھ کر مقدمات کی سماعت کرنی پڑتی تھی۔ رضا نقوی واہی اس معاملے میں خوش قسمت رہے۔ ان پر کوئی پابندی نہیں تھی۔ جھوٹ تو میں یوں بھی نہیں کہتا لیکن رفعِ بدگمانی کی خاطر بنظرِ احتیاط ان کے ایک منظوم خط کے دو شعر پیش ہیں:

دفتر کے ایک روم میں کرسی پہ ہوں دراز
گرمی کی دوپہر ہے، کوئی کام بھی نہیں

خط لکھ رہا ہوں وقت گزاری کے واسطے
مصروفیت کچھ اس کے سوا دوسری نہیں

کہاں ہیں وہ لوگ جو کہتے ہیں کہ شاعر کبھی سچ نہیں بولتا۔ ریاض خیرآبادی کو بھی کبھی ایسے لوگوں سے صحبت ہی نہیں رہی ورنہ وہ کبھی یہ نہ کہتے:

بڑے صاف باطن بڑے پاک طینت
ریاض آپ کو کچھ ہمیں جانتے ہیں

جس طرح ابوالکلام آزاد کے البلاغ والہلال کا ذکر کرتے وقت لوگ شبلی نعمانی کو یاد کرنا نہیں بھولتے ہم رضا نقوی واہی کے سلسلے میں سہیل عظیم آبادی کو کیوں بھولیں۔ سہیل صاحب کا دلی شکریہ انھوں نے اُردو کی مزاحیہ شاعری کی گرتی ہوئی دیوار کو سنبھالنے کا کام ایک صحیح شخص کے سپرد کیا — اور ہدایت تو یہ دی گئی تھی کہ مزدور کی اُجرت اُس کا پسینہ سوکھنے سے پہلے ادا کردی جائے اور یہاں یہ ہوا ہے کہ پسینہ تو پسینہ، خود مزدور سوکھ گیا ہے لیکن اُجرت؟!

واہی بھی باوجود ضعیفی ہے اُن کے ساتھ
گٹھری ہے اُس کے کاندھوں پہ بھی "واہیات" کی۔

ازالۂ حیثیت عرفی کا شاعر

سید تو خیر یہ راقم الحروف ہے لیکن "جوابِ شکوہ" پڑھنے کے بعد کبھی ہمت نہیں ہوئی کہ خود کو سید کہوں۔ مسلمان بننے کی کوشش کی تو مومن خاں مومن نے منع کر دیا کہ آخری وقت میں یہ کیا مذاق لگا رکھا ہے۔ مومن خاں مومن بھی آخر ہمارے بزرگوں میں سے ہیں اُن کی بات ماننی ہی پڑی لیکن سید حسن نعیم کو بہر حال اپنے آپ کو سید کہنے کا حق پہنچتا ہے۔ ایک نہیں، دو نہیں، تین حج کر کے بیٹھے ہیں (اور چہرے پر کوئی علامت نہیں) ان میں سے تو ایک حج اکبر بھی ہے (حج اکبر سے متعلق ہمارا علم کہتا ہے کہ یہ جمعہ کے دن ہوتا ہے) یہ اُس وقت کے واقعات ہیں جب یہ حکومتِ ہند کے محکمۂ خارجہ میں برسرِ پیکار تھے۔ حکومتِ ہند نے انھیں کئی بار باہر بھیجا لیکن یہ ہمیشہ واپس آ گئے اور جب ان کا شبہہ یقین میں بدل گیا کہ حکومت انھیں زیادہ تر باہر ہی رکھنا چاہتی ہے تو انھوں نے ملازمت ہی کو خیرباد کہہ دیا — باہر رہ کر غزلیں کہنا ممکن نہیں تھا۔

سید حسن نعیم، اُردو غزل میں کوئی تیس سال پُرانا نام ہے۔ پہلے یہ شوقیہ غزلیں کہا کرتے تھے پھر اس کا انھیں ذوق ہوا۔ اب یہ (بقول خود) عرفان کی منزل میں ہیں اور غزل کے معاملے میں اپنے آپ سے، اپنے دوست احباب سے اور اپنے اہلِ خاندان سے کوئی رعایت نہیں کرتے۔ ان کی غزل کے مقابلے میں کسی کی کوئی حقیقت نہیں۔ ان کی زندگی کئی سال سے غزل کے محور کے گرد گھوم رہی ہے۔ اقبال نے شاید اچھی زندگی کے لیے کہا تھا:

شمشیر وسناں اوّل طاؤس و رباب آخر

سید حسن نعیم کے ہاں ایوانِ غزل اوّل ایوانِ غزل آخر کا اصول (اگر یہ اصول ہے) کارفرما ہے۔ شاعر کہتا ہے:

میں بوٹوں کی طرح پھولا پھلا ہوں دشت میں
ابر آئے یا نہ آئے میں سدا شاداب ہوں

علی گڑھ مسلم یونی ورسٹی کے فارغ التحصیل ہیں۔ یہی بہت کافی تھا۔ غزل گوئی نے اِن کی اَنا کو اور ہوا دی۔ کسی نے تعریف بھی کی تو اُس کے سر ہوگئے کہ تعریف کی وجہ بتاؤ۔ خود ہی کہا:

گردِ شہرت کو بھی دامن سے لپٹنے نہ دیا
کوئی احسان زمانے کا اُٹھایا ہی نہیں

لیکن ایک ادبی محفل میں بیچارے ڈاکٹر ظ انصاری نے ان کا تعارف کراتے ہوئے کہیں کہہ دیا کہ حسن نعیم صاحب کو وہ شہرت نہیں ملی جس کے وہ حقدار ہیں تو بگڑ گئے (ویسے وہ ہیں ہی بگڑے ہوئے)۔ شعر سُنانے کھڑے ہوئے تو تقریر کی (تقریر اُسے کہتے ہیں جو کافی طویل ہو۔ حالانکہ ڈاکٹر ظ انصاری کی موجودگی میں طویل تقریر کی گنجائش کم ہوتی ہے) اور بولے میں کافی مشہور

ہوں. شعر سنائے یا نہیں سنائے یاد نہیں ہے لیکن اپنی شہرت کے بارے میں تقریر کرتے رہے.

ایسا مغموم اور دل گرفتہ شاعر محبّت کا مارا ہوتا ہے. حسن نعیم جن دنوں دلّی میں اپنی "کرسی" پر براجمان تھے اُس وقت اُن کی محبّت کا یہ عالم تھا کہ اُن کا گھر دلّی ریلوے اسٹیشن کا ڈیٹنگ روم معلوم ہوتا تھا۔ ۱۹۷۰ء میں جب مجھے کچھ دن دلّی میں رہنے کا موقع ملا تو کئی شامیں ان کے ہاں گزریں (ان کے ہاں شامیں، عام طور پر رنگین ہوا کرتی تھیں بعد میں حالات سنگین ہوجاتے تھے) اُس وقت تک حسن نعیم کا مجموعۂ کلام غالباً چھپا نہیں تھا لیکن مستند شاعروں کی فہرست میں ان کا نام شروع کے چند ناموں میں تھا. خوش گوار اور ناگوار بحثوں کا مرکز انھیں کا گھر تھا۔ افراط سے اور اچھا کھانا کھلانے میں انھوں نے کبھی تکلّف نہیں کیا (یہ اور بات ہے کہ وہ عمداً بحث کچھ ایسی چھیڑ دیتے تھے کہ کھانا اکثر واپس لوٹا دیا جاتا تھا)

ان کے ڈرائینگ روم میں ایک دیوان رکھا رہتا تھا (ان کے کلام کا دیوان نہیں) اس پر دو تکیے بھی موجود رہتے تھے اور جو بھی اس دیوان پر پہلے سوجاتا وہ دیوان اسی کا ہوجاتا۔ باقی رُکے لوگوں کو رات گئے گھر واپس جانا پڑتا تھا۔ خود حسن نعیم شاید ہی کبھی اس دیوان پر سو سکے ہوں — یوں بھی ان کی غزل گوئی نے انھیں کبھی سونے نہیں دیا۔

خود اپنا کام بگاڑ لینا بھی ایک فن ہے. حسن نعیم نے اِس میں کمال پیدا کیا ہے۔ وہ کہتے ہیں جو بھی کام کرو اُس میں کمال حاصل کرو۔ اس کی وجہ یہ ہے کہ یہ جب نوجوان تھے تو انھوں نے کوئی کھیل نہیں چھوڑا تھا —— مطلب یہ کہ ہاکی، فٹ بال، ٹیبل ٹینس اور سبھی کھیل کھیلتے تھے اور خود انھی کا بیان

ہے علی گڑھ یونی ورسٹی کے ٹیبل ٹینس چیمپین تھے (اُس وقت کا معیار خواہ کچھ رہا ہو، چیمپین ہونے کے بہرحال کچھ معنے ہوتے ہیں اور ویسے بھی ٹیبل ٹینس چیمپین ہونے سے شاعری میں کوئی خاص فرق نہیں پڑتا ہے) ـــــ منصوبہ بندی سے انھیں فطری رغبت ہے۔ منصوبے بنانے میں یہ کسی سرکاری محکمے سے کم نہیں۔ مشکل یہ ہے کہ بمبئی میں یہ اس وقت آئے جب ٹکسٹائل ملز کی طویل اسٹرائیک جاری تھی۔ کپڑا ہی بازار میں نہیں آرہا تھا تو ان کے منصوبوں کا عملی جامہ کہاں سے سِلتا لیکن حسن نعیم بہرحال سید ہیں۔

موجۂ اشک سے بھیگی نہ کبھی نوکِ قلم
وہ اَنا تھی کہ کبھی درد نہ جی کا لکھّا

سید حسن نعیم کو ان کی ہمہ دانی بھی پریشان کرتی رہتی ہے۔ یہ ماہرِ مطبخ بھی ہیں۔ دم پُخت اور اس قسم کی غیر شاعرانہ ڈشیں تیار کرنا جانتے ہیں۔ جب اس کا نسخہ بیان کرتے ہیں تو معلوم ہوتا ہے کہ آسمان سے من و سلویٰ اُتر رہا ہے۔ بیکری کے رموز و نکات پر بھی انھیں عبور حاصل ہے۔ ایسے خستہ بسکٹ زبانی تیار کرتے ہیں کہ مُنھ مانگے دام ادا کرنے کو جی چاہنے لگتا ہے اور جب شاعروں، ادیبوں اور اربابِ اقتدار سے اپنی ملاقاتوں کا ذکر کرنے لگتے ہیں تو وقت تھم جاتا ہے کیونکہ وقت اس مبالغے کا ساتھ نہیں دے سکتا۔ گفتگو میں تذکیر و تانیث کا مطلق خیال نہیں کرتے۔ کہتے ہیں اس میں کیا دھرا ہے۔ آدمیوں کی جنس بدل رہی ہے تو الفاظ کی جنس بھی کوئی چیز ہے جس کا خیال رکھا جائے۔ وہ کبھی نہیں کہیں گے کہ چائے پی۔ چائے پیا کہیں گے اور اس پر اصرار بھی کریں گے۔ انھیں شاید شبہہ ہے کہ اگر وہ ہر لفظ کو مذکّر نہیں بولیں گے تو خود ان کی تذکیر خطرے میں پڑ جائے گی۔

(وہم کا کوئی علاج نہیں) لیکن عجیب بات ہے کہ شعر میں اُن کے قلم سے کبھی کوئی ایسی بات نہیں نکلی کہ ہم کہتے وہ بڑا حسن نعیم بی. ایس سی ہیں لیکن اُردو زبان کے رگ وریشے سے اتنے واقف ہیں کہ کہنا پڑتا ہے کہ اُن کی ڈگری اُن کے قدوقامت کے مطابق نہیں ہے۔ یہ ڈگری تو ایسی ہی ہے جیسے دُنیا کے نقشے میں ہندستان کے ساتھ لنکا ـــ وہ کانٹوں پر چلے ہیں تب پھولوں سے استفادہ کیا ہے:

بہت سے کانٹے گرے پھول بن کے دامن میں
گلوں کی ذات سے جو فائدہ ہوا سو ہوا

(کیا فائدہ ہوا شاعر نے بیان نہیں کیا)

سید حسن نعیم، لوگوں کی غیبت کرنے میں مجھ سے آگے نکل جانے کی ناکام کوشش کرتے ہیں لیکن جہاں تک 'دادودہش' کا تعلق ہے یہ مجھ سے بہت آگے نکل جاتے ہیں۔ گالیاں معلوم نہیں کب اور کہاں سیکھی تھیں اُنھیں اب تک حفظ ہیں اور اس معاملے میں وہ اعراب وغیرہ کی غلطیاں نہیں کرتے۔ جب بھی کسی کو گالی دیتے ہیں یہ کہہ کر دیتے ہیں کہ رعایت کر رہا ہوں۔ میں اسے مان لیتا ہوں۔ اس لیے بھی کہ یہ جسے بھی گالی دیتے ہیں وہ اس وقت موجود نہیں ہوتا ہے۔

جتنے مقوی شعر کہتے ہیں اتنا ہی قوی اِن کا حافظہ بھی ہے اور اُنھیں بہت سے ایسے واقعات بھی یاد ہیں جو کبھی ہوئے ہی نہیں۔

سُنا ہے کبھی ان کی ایک سوپ فیکٹری بھی تھی جبھی یہ ایسے دُھلے دُھلائے شعر کہتے ہیں:

وہ لوٹ آئے تو اس کی کچھ اَنا رکھیو
فصیلِ قلب کا دروازہ تم کُھلا رکھیو

یہ کوئی ایسا ضروری نہیں ہے. آنے والا تو فصیل پر چڑھ کر بھی آسکتا ہے:

دیارِ فن میں جہاں منزلیں بھی فرضی ہیں
تمام عمر بھٹکنے کا حوصلہ رکھیو

اس شاعر کو اپنے حوصلے پر بڑا بھروسا ہے اسی لیے کہا ہے:

سانس لیتے ہیں ہزاروں جینے والے چند ہیں
سب دریچے آرزو کے بُزدلوں پر بند ہیں

حسن نعیم کا خیال ہے کہ ہندستان میں غزل صرف اُن کی وجہ سے بچی ہوئی ہے. میں اُن کی اس رائے سے متفق ہوں. ہندستان میں صرف غزل ہی نہیں، اُن سے اور بھی کئی چیزیں بچ گئی ہیں. میر تقی میرؔ اور غالبؔ اُن کے ہم عصر نہیں تھے اس لیے وہ ان دونوں کے قائل ہیں اور خاص طور پر میرؔ سے تو اُنھیں عقیدت سی ہے. "سی" کا لفظ میرؔ کے ہاں بہت آیا ہے اسی لیے انھیں عقیدت سی ہے — غالبؔ انھیں صرف پسند ہیں (یہ بھی کچھ کم عنایت نہیں ہے). جی تو نہیں چاہتا لیکن یہ کہنا پڑتا ہے کہ حسن نعیم نے واقعی اُردو غزل کی خوبصورتی، معنویت اور گیرائی میں اضافہ کیا ہے. لیکن ابھی انھیں خود انھیں کے الفاظ میں سوچنا چاہیے:

یوسف ناظم

ذکرِ خیر

"کام کتنا ہو چکا ہے وقت کتنا رہ گیا"

فراق گورکھپوری کے انتقال پر ابھی کچھ دن پہلے اُن سے کسی نے کہہ دیا تھا کہ فراق کی کرسی خالی ہوگئی ہے اس پر اب آپ ہی کو بیٹھنا چاہیے تو اِسے انھوں نے اپنی بے عزّتی پر محمول کیا اور بمبئی میں ایک ایڈوکیٹ سے مشورہ کیا کہ آیا وہ اس شخص پر ازالۂ حیثیت عُرفی کا دعوا کر سکتے ہیں یا نہیں۔ لیکن وہ کسی قانونی مشورے کے پابند ہیں نہیں اس لیے بہت ممکن ہے عدالت سے رجوع ہو ہی جائیں۔

طنز و مزاح پر دستِ شفقت

یاد نہیں ان سے پہلی ملاقات کب اور کہاں ہوئی تھی، لیکن اتنا یاد ہے کہ ان سے پہلی ملاقات کہیں نہ کہیں ضرور ہوئی تھی۔ شرفا میں پہلی ملاقات کی کوئی اہمیت ہوتی بھی نہیں ہے یا یہ صرف اس صورت میں اہم ہوتی ہے، جب ملاقاتوں کی جملہ تعداد ایک سے زیادہ نہ ہو۔ شفیقہ فرحت (جنھیں میں اپنا بھائی جانتا ہوں) کوئی ربع صدی سے تو میدانِ ادب میں سرگرم سفر ہوں گی ہی۔ اور ابھی اپنی آبلہ پائی سے تھکی نہیں ہیں۔ ان سے غائبانہ تعارف، ان کی ایک کلاس فیلو نے ۱۹۵۸ء میں کروایا تھا اور بڑی تعریفیں کی تھیں۔ میں اس وقت جل گاؤں میں تھا اور یہ شاید بھوپال میں تھیں۔ ذہن کے کسی گوشے میں ان کا نام ضرور رہا (میرے ذہن کے کئی گوشے ہیں، جن میں سے اکثر خالی ہیں) غائبانہ تعارف بھی تعارف ہوتا ہے اور اتنا ہی تکلیف دہ ہوتا ہے جتنا کہ دو بہ دو والا تعارف ہوا کرتا ہے، بلکہ غائبانہ تعارف میں خلش زیادہ ہوتی ہے۔ ڈھونڈ ڈھونڈ کر انھیں پڑھا۔ معلوم ہوا لکھتی کم ہیں اور چھپتی اور بھی کم ہیں۔

(پردہ نشینی نہ سہی خو بو تو رہتی ہی ہے) دو ایک مضمون پڑھنے کو ملے تو تحریریں ہلکی کلیوں کی دبی دبی خوشبو کا احساس ہوا (یعنی ایسی خوشبو جو نتھنوں تک محدود رہے) خیال ہوا کہ شاید یہ وہی کلیاں ہوں گی جن کے بارے میں کسی شاعر نے کہا تھا:-

باغباں کلیاں ہوں ہلکے رنگ کی

شفیقہ فرحت اپنی تحریر کو ایسے ہی ہلکے رنگوں میں ڈبو کر فوراً باہر نکال لیتی ہیں کہ کہیں رنگ زیادہ نہ چڑھ جائے۔

پتا نہیں کنھیا لال کپور کبھی شفیقہ فرحت سے ملے تھے یا نہیں، انھیں اپنی نیم بدنی اور باریک تنی کا بڑا دعوا تھا۔ اور وہ کہا کرتے تھے کہ۔ یہ تو آپ کو معلوم ہی ہے کہ وہ کیا کہا کرتے تھے۔

شفیقہ فرحت جو غالب کی اُستانی ہیں (یعنی کالج میں دیوان غالب پڑھاتی ہیں) ناتوانی کے معاملے میں کنھیا لال کپور سے کئی قدم آگے ہیں۔ وزن کرنے کی مشین پر کھڑی ہوتی ہیں، تو مشین کی سوئی جنبش تک نہیں کرتی۔ کیا مجال جو ٹس سے مس ہو جائے۔

انگلستان میں چیمبرلین نے دبلے پن میں شہرت حاصل کی تھی، لیکن ان کی شہرت کی وجہ یہ تھی کہ ان کا مقابلہ چرچل سے پڑ گیا تھا۔ (ہم عصروں میں یہی گڑبڑ ہو جاتی ہے)۔ چرچل نے انھیں اپنی نظروں سے دیکھا اور اپنے معیار سے جانچا تھا۔ چیمبرلین یقیناً دبلے نظر آئے ہوں گے۔ ہماری شفیقہ فرحت تو دبلے لوگوں کو بھی مہین نظر آتی ہیں اور وہ انھیں رشک بھری نظروں سے دیکھتے ہیں سنا ہے مدرسے میں پڑھتی تھیں تو حاضری کے رجسٹر میں ان کے نام کے آگے ہمیشہ "رغ" لکھ دیا جاتا تھا۔ کلاس میں بیٹھی ہیں اور دکھائی نہیں دے رہی

ہیں۔ یہ بھی سنا ہے ان کے مدرسے میں بلکہ کالج میں بھی، جب بھی طالبات کی آنکھوں کا معائنہ ہوتا، ان کے سامنے کوئی بورڈ نہیں رکھا جاتا تھا، شفیقہ فرحت کو کھڑا کیا جاتا تھا۔ یہ جسے بھی نظر آجائیں اس کی بینائی معقول تسلیم کر لی جاتی تھی شفیقہ فرحت، غالب اور اقبال کے دو مصرعوں سے بنی ہیں۔ غالب نے کہا ع

ہر چند کہیں کہ ہے نہیں ہے

اور اقبال نے تو حسبِ معمول "شکوہ" کیا ہے ع

بخیلی ہے یہ رزاقی نہیں ہے

کچھ دنوں پہلے پاکستان کے سفر پر گئی تھیں (ٹکٹ بہر حال ان سے پورا لیا جاتا ہے) بمبئی میں مجھ سے ملیں (ہاں خوب یاد آیا) میرے گھر سے ایک پرچہ بھی لے گئی تھیں "غالب دلہن" کراچی کا خاص نمبر تھا، اب تک واپس نہیں کیا) تو میں نے ان سے کہا، کراچی جا رہی ہیں تو مشفق خواجہ سے ضرور ملیے۔ غالب لائبریری جائیے۔ ایوانِ اردو دیکھیے۔ مرزا ظفر الحسن اور خواجہ حمید الدین شاہد سے ملاقات ہو جائے گی۔ ان دونوں سے ملیں یا نہیں، پتا نہیں۔ مشفق خواجہ نے البتہ اُن کی رسید ان الفاظ میں بھیجی۔

"کل صبح محترمہ شفیقہ فرحت تشریف لائیں۔ ان سے مل کر بے حد خوشی ہوئی ایک تو اس لیے کہ وہ آپ کا خط لائی تھیں، دوسرے اس لیے کہ ان سے دیر تک ملاقات رہی۔ بہت ہنس مکھ اور خوش اخلاق خاتون ہیں۔ انھوں نے ازراہِ کرم اپنی تصنیف عنایت فرمائی۔ البتہ انھیں دیکھ کر اس بات کا افسوس ہوا کہ ہندستان میں طنز و مزاح کا حال پتلا ہے۔"

اب میں کیا کر سکتا ہوں۔ میں نے جاتے وقت ہی ان سے یہ کہا کہ وہاں موسم خواہ کوئی ہو، جسٹر پہنے رہیں۔ نہیں سنا۔ ڈر گئی ہوں گی کہ جسٹر پہن کر گر نہ پڑیں

گر تیں تو کیا ہو جاتا۔ کم سے کم یہ شکایت تو سننے میں نہ آتی۔ لیکن کچھ ہو، میرے بھائی شفیقہ فرحت نے یہ ضرور ثابت کر دیا کہ صحیح الدماغ ہونے کے لیے تندرست و توانا جسم ضروری نہیں ہوتا۔ یہ مردانہ وار جیتی ہیں۔ کوئی حادثہ، کوئی ہنگامہ ان کے نزدیک پھٹک نہیں سکتا۔ آواز بھی ان کی استادانہ ہے۔ یعنی ایسی ہے جیسی کہ اساتذہ حضرات کی ہونی چاہیے۔ میں یہ تو نہیں کہتا کہ ان کی آواز میں طالع یار خاں یا منصور علی خاں پٹودی کی آواز کی کھنک اور دھمک ہے، لیکن ہے بہر حال کسی شیر افگن کی آواز۔ زندگی کو ایسی ہی آواز سے للکارا جا سکتا ہے۔

ان کے بارے میں ایک بات البتہ تشویش ناک ہے۔ یہ ہیں ناگپور کی اور یہی ان کا وطن تھا، لیکن ہندستان میں جہاں ہر قسم کی نقالی اور نقل کا انتظام ہے، وہیں نقل مکان بھی بہت آسان ہے۔ یہ ناگپور سے بھوپال چلی گئیں گئیں غالباً اس وقت جب ناگپور مدھیہ پردیش سے جڑا ہوا تھا۔ یہ اگر ناگپور ہی میں ٹھہر جاتیں تو آج ہم بھی کہتے کہ دیکھو یہ ہیں مہاراشٹر کی واحد، اکیلی اور اکلوتی مزاح نگار ادیبہ۔ لیکن "تفو بر تو اے چرخِ گرداں تفو" انھیں مدھیہ پردیش نے اور خود انھوں نے مدھیہ پردیش کو اپنا لیا۔ ان کی تصنیف "لو آج ہم بھی" وہیں کی اردو اکادمی کی جانب سے اس اہتمام سے چھپی ہے کہ کتاب کو دیکھتے ہی جی چاہا — اب جانے بھی دیجیے کہ کیا جی چاہا۔ تاہم یہ کوئی ایسی خواہش نہیں تھی کہ اس پر دم نکل جاتا۔

کہتے ہیں مزاح نگاری کے لیے بڑے سلیقے اور رکھ رکھاؤ کی ضرورت ہے۔ مزاح نگاری اصل میں احتیاط نگاری ہے اور اس لحاظ سے شفیقہ فرحت نے بڑی احتیاط سے کام لیا ہے۔ ایسا معلوم ہوتا ہے، مزاح نگاری پر انھوں

نے دستِ شفقت رکھا ہے۔ اسے آگے بڑھانے کے لیے ڈھکیلا نہیں ہے تحریر میں نسوانیت کا پرتو ہے، یہ نہیں کہ ڈھیٹ مردوں کی طرح بے محابا لکھے چلی جا رہی ہیں۔ آنچل کی اوٹ سے جھانکتا ہوا مزاح اور اموکی جار جٹ کی طرح ہلکا پھلکا طنز، ان کی خوبصورت طرز نگارش کا خاصہ ہے۔ خدا سے مخاطب ہوتی ہیں تو کچھ اس طرح۔

"میں تجھے حاضر و ناظر جان کر وعدہ کرتی ہوں کہ اب کی شبِ معراج میں دس بارہ پیالی چائے پی کر میں بھی جاگوں گی اور تمام رات جاگ کر کرشن چندر کے افسانے یا فیض احمد فیض کی غزلیں پڑھنے یا جاگتے میں خواب دیکھنے کی بجائے خضوع و خشوع سے نمازیں پڑھوں گی۔ سجدے میں سر رکھ کر کسی تازہ فلم کی ہیروئن کے بلاؤز کے نئے ڈیزائن کے متعلق نہیں سوچوں گی اور تسبیح پر ہاتھ پھیرتے ہوئے آئندہ اتوار کو سہیلیوں کو دی جانے والی پارٹی کا مینو بھی نہیں مناؤں گی، اور جب کسی دھارمک فلم کے پوترسین کی طرح در و دیوار سے نور برسنے لگے گا اور بغیر ایوننگ اِن پیرس کی شیشی کھولے، سارا کمرہ بھینی بھینی خوشبو سے مہک اٹھے گا اور سر خود بخود جذبۂ بصیرت سے سجدے میں جا پڑے گا، یعنی وہ گھڑی آجائے گی جب میری ایک جنبشِ لب سے دنیا کی ہر نعمت میرے قدموں پر آسکتی ہے، تو اے خدائے دوجہاں! میں تجھ سے صرف یہ التجا کروں گی کہ مجھے میری روم میٹ سے نجات دے!"

مزاح میں تفصیل مشکل ہے اور اسی لیے اکثر مزاح نگار مختصر مختصر جملوں میں کام نپٹا لیتے ہیں۔ لیکن شفیقہ فرحت اتنی سہل انگار نہیں۔ وہ پھلجڑی کی نہیں، آتش بازی کے انار کی قائل ہیں۔ یہ دیر تک روشنی دیتا ہے۔

"اور لکھنا ناول کا....!" پڑھیے اور داد دیجیے۔ اس مضمون میں انھوں نے

ذرا بے جگری دکھائی ہے۔ بے دردی کا مظاہرہ بھی کیا ہے لیکن مزاح کا دامن چھوڑا نہیں ہے۔ کہتی ہیں۔

"اگر ناول کو المیہ بنانا ہے تو فٹافٹ سب کے ہاتھوں میں ملکِ عدم کا ٹکٹ (مع مناسب ریبیٹ کے) تھما دیجیے کہ کامیاب ترین ناول وہی ہے۔ جس میں سب کا خاتمہ ہو جائے۔ نتیجتاً پڑھنے والوں کا مرنا یقینی ہے۔" نمونے بھی دیے ہیں۔ کون کہتا ہے اردو میں پیروڈی نہیں ہے، ہیں اور بہت خوبصورت پیروڈیاں ہیں۔

مجھے بہرحال ان کا نمونۂ کلام نہیں پیش کرنا ہے کیونکہ سیلس مین نہیں ہوں اور نہ یہ ان کی کتاب کا اشتہار ہے۔ شفیقہ فرحت کی کتاب غالباً اس لیے اتنی خوبصورت اور دیدہ زیب چھپی ہے کہ یہ ۲۵ سال میں ان کی پہلی کتاب ہے ورنہ آج کل تو کتابیں لکھنا شروع کرنے کے بعد ایک ہی سال میں چھپ جاتی ہیں۔ اردو کی کتابیں اور خاص طور پر مزاحیہ کتابیں آفسیٹ پر نہیں چھپا کرتیں یہ آفسیٹ پر چھپی ہے۔ یہ خوش ذوقی ہی کی نہیں، خوش حالی کی بھی علامت ہے۔ ۲۵ سال لکھتے رہنے کے بعد کتاب کے چھپنے کی وجہ شاید یہ بھی ہو گی کہ شفیقہ فرحت کا لکھا کوئی پڑھ ہی نہیں سکتا۔ (اور ایک حضرت سکندر علی وجد ہیں، جنھوں نے پوری 'بیاضِ مریم' بقلم خود لکھی اور ہر ورق کو دامانِ باغبان و کفِ گل فروش بنا دیا)۔ یوں وہ چاہتیں تو خوش خط بن سکتی تھیں۔ نثر ہمیشہ بیٹھ کر لکھنی چاہیے، یہ بات شاید انھیں معلوم نہیں تھی۔ شفیقہ فرحت نے ناگپور چھوڑا ہی اس لیے کہ وہاں کے کسی کاتب کی یہ جرأت نہیں ہوئی کہ ان کا ایک لفظ بھی صحیح پڑھے۔ خود بھوپال میں ان کی کتاب کی کتابت کے لیے ۳، ۴ خوش نویسوں کو مامور کرنا پڑا، تب کہیں جا کر یہ مرحلہ طے ہوا۔ واجد علی خاں، محمد عمر خاں اور محمد الیاس

انصاری، یہ تینوں خوشنویس دورانِ کتابت جس کرب سے گزرے ہوں گے، یہ ان ہی کا دل جانتا ہے۔ کاش مصنفہ کا عکسِ تحریر بھی اس کتاب میں شامل ہوتا لوگ پوچھتے یہ کیا چیز ہے۔ میرے بیان کی تصدیق ہو جاتی۔ کاغذ بھی بہت نفیس ہے، روشنائی بینائی بخش ہے اور سرورق زرد آلو کے رنگ کا ہے۔ اس لیے کہ اس کتاب میں ایک مضمون حضرت آلو کے عنوان سے بھی شامل ہے۔ فضل [illegible] مدھیہ پردیش اردو اکادمی کے سکریٹری ہیں، اپنے پیش لفظ میں اس [illegible] اظہار کرتے ہیں کہ اردو حلقوں میں اس کتاب کی خاطر خواہ پذیرائی ہوگی۔ کیوں نہیں ہوگی۔ ہم تو سمجھتے تھے کہ وقیع، خوبصورت اور دیدہ زیب کتابوں کی اشاعت میں ترقی اردو بیورو، حرفِ آخر ہے۔ لیکن یہ اکادمی تو چھپی رستم نکلی۔

اور ہاں شفیقہ فرحت شاعرہ نہیں ہیں، لیکن انھیں اس کثرت سے شعر یاد ہیں کہ وہ پوری کی پوری کتاب مصرعوں میں لکھ سکتی ہیں۔ آئندہ یہی کریں گی۔

جشنِ ظرافت کا کچّا چٹّھا

۱۰ دسمبر گزشتہ کی صبح جب میں پٹنہ پہنچا تو ابھی اندھیرا ہی تھا۔ (اس کا یہ مطلب نہیں کہ وہاں پہنچتے ہی آنکھوں تلے اندھیرا چھا گیا) شفیع مشہدی مع ایک عدد نوجوان کے اس سردی اور دھند کے میں اسٹیشن پر موجود تھے (خود کردہ را علاجے نیست) ہم دونوں نے یک لخت اپنی اپنی بابہیں اور باچھیں کھول دیں شفیع مشہدی سے منسلک نوجوان کا نام عبدالرزاق بتایا گیا۔ ان کے چہرے پر جوان مردی اور مستعدی کی علامتیں دیکھ کر مجھے یقین ہو گیا کہ یہ یقیناً عبدالرزاق لاری کے وطن کے اطراف و اکناف کے رہنے والے ہوں گے۔ معلوم ہوا کہ کن کے رہنے والے ہیں۔ (کافی مایوسی ہوئی) انہیں یہ ہدایت دی گئی تھی کہ اگرد اسٹیشن پر تنہا پہنچیں تو جو شخص بھی سب سے زیادہ وحشت زدہ نظر آئے اسے پکڑ کر لے آئیں، لیکن معاملہ برعکس تھا۔ خود ان کے چہرے پر وحشت برس رہی تھی۔ وہی وحشت جو میزبانوں کے چہروں پر اور ان کی قسمت میں لکھی ہوتی ہے۔ معلوم ہوا یہ دونوں کئی اور لوگوں کے ساتھ مل کر کئی دن سے "جشن ظرافت" کی تمہید اور اس کے

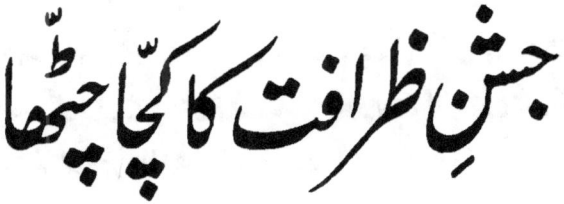

دیباچے میں شب و روز مشغول تھے۔ "جشن ظرافت" منعقد کرنے کا مضمون شفیع مشہدی کے دماغ میں غیب سے نہیں بلکہ اس عیب کی بدولت آیا تھا جو مزاح نگاروں سے دوستی رکھنے کی وجہ سے لاحق ہو جاتا ہے۔ مجتبیٰ حسین نے (جو مزاحیہ ادبی فسادات کی جڑ ہیں) شفیع مشہدی کے کان اس وقت بھر دیے تھے جب شفیع مشہدی دلی سے پٹنہ منتقل ہو رہے تھے۔ اچھے حافظے کی خرابی یہ ہے کہ ناقص سے ناقص وعدے بھی اس میں اس وقت تک موجود رہتے ہیں جب تک کہ ایفا نہ ہو جائیں۔ پٹنہ میں ہر سال طغیانی آتی ہے۔ اس سال طغیانی نہیں آئی۔ جشن ظرافت برپا ہو گیا۔

پٹنہ میں یوں تو شرفا کی کمی نہیں لیکن شرفا کی اس فہرست میں محمد حسین آزاد کا نام ذرا اوپر آتا ہے۔ محمد حسین آزاد حکومت بہار کے وزیر زراعت ہیں زراعت کا پورٹ فولیو تو سرکاری طور پر ان کے پاس ہے لیکن ظرافت کا قلم دان انھوں نے اپنی مرضی سے سنبھال لیا۔ رضا نقوی واہی اور شفیع مشہدی کے ورغلانے پر جب انھوں نے جشن ظرافت کی سرپرستی قبول کر لی تو لوگ آتے گئے، اور کارواں بنتا گیا۔ ویسے بھی محمد حسین آزاد جس کا بھی نام ہوگا، وہ قدرتی طور پر ادب کی طرف توجہ کرے گا۔ (یہ نام ہی کچھ ایسا ہے)

معلوم ہوا میزبانوں نے مہمانوں کے قیام کے لیے ہوٹل نٹ راج کا انتخاب کیا ہے۔ ہوٹل کا کاروبار کرنے والے دن میں کچھ کریں یا نہ کریں، رت جگا ضرور کرتے ہیں۔ رات بھر جگے رہنے کے بعد اتنے سویرے اٹھ جانا ان لوگوں میں منع ہے۔ ہم لوگ ہوٹل پہنچے تو وہاں سونا پڑا تھا۔ شری عبدالرزاق نے کد و کاوش کی تو کسی طرف سے نیند میں ڈوبی ہوئی دو مونچھیں نمودار ہوئیں۔ یہ نگراں کار کی مونچھیں تھیں۔ جن کے حرکت میں آتے ہی ہوٹل کے در و دیوار چونک پڑے لیکن

رلفٹ نے جنبش نہ کی۔ انتظامات اتنے شدید تھے کہ ہر کمرے کے مہمان مقرر ہو چکے تھے۔ مہمانوں کے نام، پتے، ان کے آنے کے اوقات (غالباً ان کے اوقات بھی) ان کے سفر کا طریق اور ان کا حلیہ، سبھی کچھ فہرست میں درج تھا (اس فہرست کا نمونہ یقیناً کسی پولیس تھانے سے لیا گیا ہوگا) ہوٹل کی دو منزلوں کا یعنی ۱۴، ۱۵ کمروں کا انتساب اہل ظرافت کے نام کیا جا چکا تھا۔ میں نے پانچویں منزل پر اس کمرے میں پناہ لی، جس کا رخ گنگا کی طرف تھا۔ کھڑکی کھولتے ہی گنگا دکھائی دی۔ پہلے پہل تو مجھے شبہہ ہوا کہ الٹی بہہ رہی ہے لیکن غور کیا تو معلوم ہوا، میں ہی الٹی طرف کھڑا ہوا تھا۔ پھر بھی جی کو اطمینان نہیں ہوا اور یہی گمان ہوتا رہا کہ گنگا الٹی بہہ رہی ہے۔ میزبان مکرم نے بتایا کہ مجھے مکمل آزادی ہے کہ میں جو اور جتنا چاہوں کھاؤں (اس اعلان کے بعد مجھے یقین ہوگیا کہ میں اپنے گھر میں نہیں ہوں) اس وقت تک اخبار پہنچا نہیں تھا۔ میں مہمانوں کی فہرست مع تفصیلات سے دل بہلاتا رہا (کافی دلچسپ فہرست تھی)

نو بجے کے قریب میں آوارہ گردی میں مصروف ہوگیا۔ ۱۰ رکو تو کوئی پروگرام تھا ہی نہیں۔ مجھے چونکہ بے چینی تھی، اس لیے میں سب سے پہلے پٹنہ پہنچ گیا تھا سامنے ہی مہندر گھاٹ تھا۔ اس گھاٹ پر اطراف و اکناف سے کشتیاں آتی ہیں۔ (ظاہر ہے جاتی بھی یہیں سے ہوں گی) گنگا کو بہت قریب سے دیکھا۔ پاٹ اتنا مختصر تھا کہ مختصر بحر میں کہا ہوا مصرعہ دکھائی دیا۔ معلوم ہوا گنگا کو دیکھنا ہو تو بارش میں دیکھنا چاہیے (منتظمین جلسہ کو پہلے ہی سوچنا چاہیے تھا) مجھے اطلاع ملی تھی کہ احمد جمال پاشا سیوان کی طرف سے اس گھاٹ پر پہنچیں گے۔ (پتا نہیں احمد جمال پاشا ابھی اور کتنے گھاٹ دیکھیں گے) ان کے آنے کا وقت قریب آرہا تھا۔ میں کھسک آیا۔ سوچا میں روڈ سے سفر کروں، لیکن گلیوں کی بے تکلفی کا نظارہ رہ جاتا۔ گلیوں سے ہوتا

ہوا یونیورسٹی روڈ (وہاں ہے ہی ایک سڑک جو چاہے نام دیجیے) پر چل کر بازار کی سیر کی اور پوچھتا پچھاتا خدا بخش لائبریری پہنچا (پٹنہ میں اگر آپ کسی سے راستہ پوچھیں تو راستہ بتانے والا شخص اس وقت تک راستہ بتاتا رہے گا جب تک کہ اسے یقین نہ ہو جائے کہ آپ راستے پر آ گئے ہیں)

سڑک پر عمارتوں کی اونچائی کے برابر کی ایک چیز چلتی پھرتی دیکھی، پوچھا تو معلوم ہوا رکشا ہے۔ رکشا حیدرآباد میں بھی چلتی ہے اور بھوپال میں بھی۔ ان دونوں جگہوں کی رکشا میں بیٹھے تو احساس کمتری نہیں بلکہ احساس پستی ہوتا ہے۔ پٹنہ کی رکشا میں بیٹھا ہوا آدمی اتنی بلندی پر بیٹھا نظر آتا ہے، جیسے کوئی نقاد ہو۔ مجھے یہ رکشا بہت پسند آئی۔ جس شخص نے بھی اس کا ڈیزائن بنایا، بہت بلند نظر شخص تھا خدا بخش لائبریری بند تھی (ڈاکٹر رضا بیدار نے پہلے ہی خطرہ محسوس کر لیا تھا) ان سے ملاقات ہوئی۔ چھٹی تھی، لیکن وہ گھر میں آفس ٹیبل پر بیٹھے کام کر رہے تھے (میں یہ تو نہیں سوچ سکتا کہ وہ مجھے دکھانے کے لیے آفس ٹیبل پر بیٹھے کام کر رہے تھے) ڈاکٹر رضا بیدار اس لائبریری کے ڈائرکٹر ہیں اور بڑے بڑے سمینار کرنے کے ماہر، ظرافت کے سمینار کے کنوینر بھی وہی تھے۔ صبح سویرے کے ملاقاتیوں کو عام طور پر پسند نہیں کیا جاتا، لیکن اس کی اطلاع غالباً ڈاکٹر رضا بیدار تک پہنچی نہیں ہے۔ ایک آدھ گھنٹہ لطف سے گزرا۔

پٹنہ یونیورسٹی کا نام میں نے اس وقت سنا تھا جب میں اورنگ آباد کالج میں ایف۔ اے (یعنی انٹر) کا طالب علم تھا۔ غلام طیب صاحب اردو کے لکچرار تھے۔ وہ بہار کے تھے اور کہا کرتے تھے کہ ان کے ایم۔اے کے جوابی پرچے پٹنہ یونیورسٹی میں (دوسروں کی عبرت کے لیے) اب تک محفوظ رکھے ہوئے ہیں۔ یہ وہی غلام طیب صاحب تھے جن کی نظم "یادِ نشاط" سارے ہندستان میں مشہور

ہوئی تھی۔ مجھے مبالغے کی عادت ہے، لیکن طیب صاحب کے بارے میں، میں بلا مبالغہ کہہ سکتا ہوں کہ غالب کا کلام پڑھانے میں ان کا جواب نہیں تھا۔ انھیں کی یاد نے پٹنہ یونیورسٹی دیکھنے پر اکسایا۔ پسند آئی۔ دربھنگہ ہاؤزنگ سے بالکل لگا ہوا ہے۔ یونیورسٹی کے کالج دور دور تک پھیلے ہوئے ہیں۔ غالباً انجینئرنگ کالج میں کرکٹ میدان ہے۔ پٹنہ یونیورسٹی اور رانچی یونیورسٹی کا میچ ہو رہا تھا۔ وہیں لیبر منجمنٹ کورس کے پرنسپل سنگھ صاحب سے ملاقات ہوگئی (میں نے اپنے لیبر ڈپارٹمنٹ میں ہونے کا رعب گانٹھا) کچھ مونگ پھلی کھائی۔ مونگ پھلی بمبئی میں بھی کھائی جاتی ہے بلکہ بمبئی میں روزانہ مونگ پھلی کی دو پڑیاں کھانا ضروری ہیں لیکن پٹنہ میں یہ بڑے سلیقے سے کھائی جاتی ہے۔ ہر پڑیا کے ساتھ ایک چھوٹی سی پڑیا میں نمک (جس پر لیمو چھڑک دیا جاتا ہے) بھی مفت فراہم کیا جاتا ہے غالب کبھی عظیم آباد نہیں گئے تھے، پھر نمک والی ردیف کی غزل معلوم نہیں انھوں نے کیسے کہہ دی۔

یاد ہیں غالب تجھے وہ دن کہ وجدِ ذوق میں
زخم سے گرتا تو میں پلکوں سے چنتا تھا نمک

(یہ مقطع تو مجھے اس لیے یاد رہ گیا کہ اردو کے ایک استاد فرما رہے تھے کہ یہ شعر ذوق کا ہے، لیکن میں نے یہ کہہ کر کہ یہ شعر وجد کا ہے ان کی تصحیح کر دی)

بمبئی اور پٹنہ کے لوگوں کے غذائی ذوق کا ذہن میں تقابلی مطالعہ کیا تو ناگاہ اس نتیجے پر پہنچا کہ دونوں مقامات پر مخلوق خداوندی گھر کے کھانے کے علاوہ زیرسما، فواکہات نوش کرنے کی کافی شوقین ہے۔ لیکن اس آؤٹ ڈور خور و نوش کے معاملے میں پٹنہ کے لوگ اُلا بُلا کھانے کی بجائے وٹامن کھانے پر زیادہ زور دیتے ہیں۔ بمبئی میں بھیل پوری، بٹاٹا وڑا، پانی پوری اور اس قسم

کی دوسری گیس آور اور مفرح شکم اشیا مقبول ہیں، بلکہ سماجی طور پر آدمی مجبور ہے کہ یہ چیزیں روزانہ بکثرت کھایا کرے، لیکن پٹنہ میں سنگھاڑے، امرود، مرمرے پوہے، رتالو، گجک اور گنڈیریاں مستعمل ہیں۔ پیٹھے کی مٹھائی اور آملے کا مربہ بھی جگہ جگہ باصرہ نواز ہوا۔ سنگھاڑوں کی کیفیت البتہ یہ دکھائی دی کہ عورتیں انھیں چھیل کر بیچتی ہیں۔ بغیر چھیلے ہوئے سنگھاڑے بھی بکتے ہیں، لیکن ان میں جراثیم اتنی تعداد میں نہیں ہوتے، جتنے چھیلے ہوئے سنگھاڑوں میں ہوتے ہیں (وہاں بند و بست ہی کچھ ایسا ہے) لوگ علی الاعلان گڑ کھاتے ہوئے بھی پائے گئے۔ گڑ میں نے چکھا تو نہیں، لیکن یقین ہو گیا کہ بے حد میٹھا ہو گا۔ مکھیوں کی افراط اور ان کی تندرستی اس کا ثبوت تھی۔ جو زبان گڑ کا جائزہ چکھ لے، وہ گڑ کی ہو کر رہ جاتی ہے۔ اتنی دیر میں، میں وہاں کے مقامی لہجے اور زبان سے واقف ہو گیا۔ وہاں گفتگو میں جب تک "نا" نہیں آجاتا، سمجھنا چاہیے کہ جملہ ابھی ختم نہیں ہوا۔ "نا"، دوسرے کے لیے بات شروع کرنے کا سگنل ہے۔ کبھی کبھی "نا"، جملے کے درمیان بھی آجاتا، بلکہ آجاتے ہیں۔ لیکن یہ بغرض تفریح طبع ہوتے ہیں۔ جملے کے خاتمے کا "نا"، الگ ہی قسم کا ہوتا ہے (ایسا "نا" کہیں اور سننے میں نہیں آیا)

ہوٹل واپس پہنچا تو خبر ملی کہ رضا نقوی واہی آئے تھے۔ میں نہیں ملا تو خوش ہو کر واپس چلے گئے۔ ڈاکٹر لطف الرحمن البتہ موجود تھے، جو پی۔ ایچ۔ ڈی ہیں اور بھاگلپور ٹی۔ این۔ بی کالج میں اردو کے لکچرار ہیں۔ ٹی۔ این۔ بی کالج کا نام مجھے کچھ پسند نہیں آیا۔ واش اینڈ ویر کی ترکیب معلوم ہوئی۔ ڈاکٹر لطف الرحمن بکثرت ہنس مکھ آدمی ہیں (اس میں ان کا کوئی قصور نہیں، قدرت کو یہی منظور تھا۔) رضا نقوی واہی کے بڑے صاحبزادے بھی ملے۔ گمان گزرا کہ فزیکل انسٹرکٹر ہوں گے، لیکن محکمہ صنعت و حرفت کے حلقہ بگوش نکلے۔ بہرحال ان سے مل کر

جشن ظرافت کے انتظامات کے استحکام اور مضبوطی کے بارے میں اطمینان ہوگیا۔ تھوڑی ہی دیر بعد خود رضا نقوی واہی آگئے۔ ان سے مل کر بے حد افسوس ہوا۔ ان سے کوئی ۲۵ سال پہلے ملاقات ہونی چاہیے تھی۔ یہ تو بڑے نیک اور پارسا آدمی نکلے (ممکن ہے عمر کا تقاضا ہو) میں جہاں بھی ان کی ظرافت ڈھونڈتا، شرافت نمودار ہو جاتی۔ بہر حال ان میں جگہ جگہ شرافت دیکھ کر اپنی کوتاہیوں کی گنتی کرتا رہا۔ باتیں ہوئیں اور بکثرت باتیں ہوئیں۔ کہنے لگے، صحت بہت خراب رہتی تھی اور وہ گھر سے باہر نکل نہیں سکتے تھے، لیکن جشن ظرافت نے انھیں چاق و چوبند کر دیا (اچھا ہوا کہ ظرافت ادب میں دوسرے درجے کی چیز ہے۔ کہیں اسے پہلے درجے کا رتبہ دے دیا گیا ہوتا تو رضا نقوی صحت مند ہی نہیں، بے جوان بے کسان ہو جاتے)

سہ پہر میں دلی سے مجتبیٰ اور ڈاکٹر قمر رئیس آگئے۔ مجتبیٰ کے پہنچ جانے پر منتظمین جلسہ اطمینان کی سانس لینے پر آمادہ نظر آئے۔ ڈاکٹر قمر رئیس کو دوسرے دن سیمینار میں ظرافت پر مقالہ پڑھنا تھا۔ مجھے معلوم نہیں کیوں، ان کے چہرے پر بادلِ ناخواستہ کے بادل نظر آئے (بدگمانی میں مجھے لطف آتا ہے) یا ممکن ہے بینائی کا قصور ہو۔ مجتبیٰ کے پہنچ جانے کے بعد خطرے کی گھنٹی بج چکی تھی اور ہر طرف سے مہمانوں کی یلغار شروع ہوگئی۔

شام میں ہم لوگ ایرپورٹ پہنچے (ایرپورٹ کی عمارت دیکھ کر اپنا ہائی اسکول یاد آگیا) وجہ وہاں جانے کی یہ تھی کہ دلی سے محمد علی آرہے تھے۔ محمد علی، کرناٹک کے وزیر ٹرانسپورٹ ہیں۔ جشن ظرافت کا افتتاح اور رمزاحیہ مشاعرے کی صدارت انھیں کے ذمے تھی۔ محمد علی جامعہ عثمانیہ کے ایل ایل بی ہیں۔ آج سے ۳۵ سال پہلے یہ ہاکی کھیلتے اور قانون پڑھتے تھے (ہاکی میں قدرے

بہتر تھے) اے ہاسٹل میں میرے ساتھ تھے۔ اے ہاسٹل سے کالج کا فاصلہ قدرے تھا اور ان کا یہی قدم مشکل سے اٹھتا تھا۔ جب یہ قانون کا امتحان دے کر گلبرگہ واپس ہوئے تو مجھ سے کہہ گئے تھے کہ اخبار میں نتیجہ دیکھنا تو فہرست اوپر سے پڑھنے کی بجائے نیچے کی طرف سے شروع کرنا اور اگر وہاں دو چار ناموں میں نام نظر نہ آئے تو اخبار رکھ دینا۔ میں نے یہی کیا اور نیچے سے پہلا ہی نام ان کا نظر آیا۔ جشن ظرافت کے افتتاح کے لیے اس سے بہتر انتخاب مشکل تھا۔ کچھ دن پہلے پلین بھی ٹرینوں کی طرح لیٹ چلنے لگے تھے۔ کیونکہ اتنے کم کرایے میں وقت کی پابندی ضروری نہیں ہوتی لیکن اب معلوم نہیں کیوں، یہ پھر وقت پر آنے جانے لگے ہیں۔ اسی پلین سے میوزک ڈائرکٹر نوشاد بھی اترے۔ معلوم ہوا کسی فنکشن میں گیا جا رہے ہیں۔ تعارف، مصافحے، معانقے، مسکراہٹیں، قہقہے، کانفرنس کی کامیابی کا شبہ یقین میں بدلنے لگا۔ نریندر لوتھر پہلے ہی آ گئے تھے۔ صرف احمد جمال پاشا دیر کر رہے تھے۔ یہ تنہا تھے، جنھیں پانی کے راستے آنا تھا۔ شام ہوتے ہوتے یہ بھی پہنچ گئے۔ سرور جمال اور احمد جمال سے جب بھی ملتا ہوں، احمد جمال زیادہ بنے سنورے دکھائی پڑتے ہیں۔ مغرب کے قریب قریب مصطفےٰ کمال بھی آ گئے۔ حیدرآباد کا پورا گروپ ساتھ تھا۔ فضا ہی بدل گئی۔ شبہ ہوا کہ میں غلطی سے حیدرآباد تو نہیں پہنچ گیا ہوں۔ سلیمان خطیب حسب معمول خستہ اور سقیم حالت میں پائے گئے۔ فرمایا تین دن سے سفر کر رہا ہوں۔ میں نے کہا ٹرین سے آ جاتے تو بہتر تھا۔ خفا ہو گئے بولے کیا میں پیدل چلا آ رہا ہوں۔ یہ کہہ کر سر اور گلے کے اطراف مفلر لپیٹ لیا اور برف باری کا انتظار کرنے لگے۔ طالب خوندمیری نے کچھ دلاسا دیا اور کہا پٹنہ میں برف باری نہیں ہوا کرتی تو بولے، کھانا کھاؤں گا۔

نٹ راج ہوٹل کا ڈائننگ ہال کافی کشادہ ہے، البتہ روشنی صرف کمروں

میں ہوتی ہے (اگر یڈ دن ہوٹلوں میں کھانا، بغیر دیکھے کھانا پڑتا ہے۔ موی شمع البتہ جلائی جاسکتی ہے تاکہ روٹی اور چاول کا فرق معلوم ہوسکے) جشنِ ظرافت کی وجہ سے بلب کچھ اور مدھم کر دیے گئے تھے۔ فرمایش کی گئی تو پانچ والٹ کے بلب جلائے گئے۔ سب نے جلدی جلدی ایک دوسرے کا چہرہ دیکھ لیا اور خوش ہوئے کہ اس وقت کسی کو پہچاننا مشکل ہے۔ (کھانا کھاتے وقت اتنی سہولت تو ہونی ہی چاہیے)

ڈاکٹر قمر رئیس اور مجتبیٰ حسین کو ایک کمرے میں ٹھہرنا تھا لیکن مجھے چونکہ ڈاکٹر قمر رئیس کی غیبت کرنی تھی اور اس کے لیے مجتبیٰ سے بہتر اور کوئی رفیق کار نہ ہوسکتا تھا اس لیے مجتبیٰ میرے کمرے میں آگئے۔ ہم دونوں رات کے دو بجے تک ڈاکٹر قمر رئیس کو لکھتا دیکھ کر خوش ہوتے رہے۔ بلکہ قیاس کہتا ہے کہ ہمارے سو جانے کے بعد بھی ان کے کمرے سے آوازیں آتی رہیں اور رات بھر درد کی شمع جلتی رہی۔ (سیمینار میں مقالہ پڑھنے کا وعدہ کرنے کا یہی نتیجہ ہوا کرتا ہے)

۱۱ر دسمبر ۶ء کو صبح ساڑھے دس بجے جشنِ ظرافت کا آغاز ہوگیا۔ خدا بخش لائبریری میں سیمینار کا انتظام تھا، لیکن غالباً منتظمین جلسہ کو اتنی کثیر تعداد میں لوگوں کے پہنچ جانے کی توقع نہیں تھی۔ مجھے تو ہال میں بینر بھی ہال سے بڑے نظر آئے یہ بینر نہ ہوتے تو شاید سیمینار کا لطف زیادہ آتا۔ مائکروفون بھی کچھ بغاوت پر آمادہ تھا (لیکن پٹنہ میں شاید ہر سیمینار کے موقع پر یہی مائکروفون استعمال ہوتا ہے۔ پولیس نے پابندی لگائی ہوگی) پٹنہ یونیورسٹی کے وائس چانسلر ڈاکٹر ڈی۔ این شرما نے صدارت کی، لیکن مختصر۔ انھیں کسی اور جگہ بھی جانا تھا۔ تقریر انھوں نے بڑی عمدہ کی اور اپنی آگاہی کا ثبوت دیا۔ ان کی تقریر سے اندازہ ہوا کہ یونیورسٹیوں میں اب بھی پڑھے لکھے لوگ وائس چانسلر ہوتے ہیں۔ تقریر کے بعد انھوں نے معذرت

چاہی اور سیمنار کے کنوینر ڈاکٹر عابد رضا بیدار نے نریند لوتھرسے بقیہ صدارت کی فرمایش کی۔ ڈاکٹر قمر رئیس نے مقالہ پڑھا۔ ڈاکٹر قمر رئیس چہرے مہرے سے نقاد نظر نہیں آتے۔ ان کے چہرے پر کرختگی کا نام ونشان نہیں۔ نقاد کو صوری طور پر بھی نقاد ہی دکھائی دینا چاہیے۔ ان کا مقالہ لوگوں نے بڑی توجہ سے سنا۔ بلکہ یوں کہنا چاہیے آنکھیں اور کان کھول کر سنا۔ سامعین میں مہمانوں کے علاوہ عظیم آباد کے سبھی بزرگ، متوسط اور نئے ادیب، شاعر، علم دوست اور ادب نواز لوگ موجود تھے۔ بہار میں چھ یونیورسیٹیاں ہیں۔ مہلا یونیورسٹی نئی ہے۔ وہاں سے تو کوئی نہیں آیا، لیکن دوسری یونیورسیٹیوں اور کالجوں کے اردو کے سبھی پروفیسر موجود تھے۔ صحافت کی بھی پوری پوری نمایندگی تھی۔ (ان میں سے صرف غبار بھٹی کو جانتا تھا) بہار یونیوسٹی کے تو کئی رٹائرڈ استاد بھی شریکِ محفل تھے۔ اچھا خاصا مجمع تھا۔ مقالے کے لیے نہایت موزوں محفل۔ میرا خیال تھا ڈاکٹر قمر رئیس بڑا ہنگامہ خیز مقالہ پڑھیں گے، لیکن وہ رعایت کر گئے۔ اصل میں مقالے کا کینوس بہت بڑا تھا اور وقت کم۔ بحث بھی اسی لیے کم ہوئی۔ ڈاکٹر وہاب اشرفی کی گفتگو البتہ گرم گرم تھی (ڈاکٹر وہاب اشرفی ایک مرتبہ بمبئی بھی آئے تھے اور مرحوم تصدیق بھائی نے شاید ملاقات کا انتظام بھی کیا تھا، لیکن ملاقات ہو نہیں سکی تھی۔ اب تلافی ہو گئی) مصطفےٰ کمال، احمد جمال پاشا، شجاعت علی سندیلوی، سرور جہاں اور شاید میں نے بھی بحث میں حصہ لیا (میں تو ہر بحث میں شریک ہوتا ہی ہوں) ڈاکٹر قمر رئیس کے مقالے سے پہلے شفیع مشہدی نے اپنا مقالہ "اردو میں طنز و مزاح"، پڑھا۔ یہ مقالہ غالباً انھوں نے بھوپال کی طنز و مزاح کانفرنس کے موقع پر لکھا تھا۔ (نظر ثانی کرتے وقت ایسا معلوم ہوتا ہے، انھوں نے میرے بارے میں مبالغے کو اور گاڑھا کر دیا ہے) مجموعی طور پر دونوں

مقالے پسند کیے گئے۔ لوگوں میں جوش و خروش زیادہ تھا اور وہ چاہتے تھے کہ طنز و مزاح کے بارے میں مزید، بلکہ شدید بحث ہو۔ ڈاکٹر رضا بیدار نے اس پہ اعلان کیا کہ بحث کل بھی جاری رہے گی۔ صدر محفل نریندر لوتھر نے بڑی جامع اور دلچسپ تقریر کی۔ ان کی تقریر کے بعد کافی دیر تک تالیاں بجتی رہیں۔ سیمنار کے بیچ میں چائے اور فواکہات کی آمد و رفت نے مائکروفون کی خرابی کے لطف کو دوبالا کر دیا۔ جلسے کے بعد مہمانوں کو، ایک دوسرے کو غور سے دیکھنے اور عید ملنے کا زریں موقع ملا، جس سے سب نے کماحقہٗ فائدہ اٹھایا۔ (کہیں کہیں تہذیب مانع رہی)

شام میں ۶ بجے جشن ظرافت یعنی اصلی جشن ظرافت شہر کے سب سے خوبصورت ہال بھارتیہ نرتیہ کلا کیندر میں برپا ہوا۔ اس ہال کی کئی خوبیاں ہیں۔ سنا گیا کہ یہاں جلسہ کرنے کے نہایت سخت قاعدے ہیں۔ مثلاً یہ کہ ہال کے باہر لاؤڈ اسپیکر نہیں لگائے جا سکتے۔ کلا مندر کے کمپاؤنڈ میں نشستوں کا انتظام نہیں کیا جا سکتا۔ ہال کے اندر کیا ہو رہا ہے، اس کی اطلاع ہال کے باہر نہیں جا سکتی۔ رات میں جلسہ ہو تو پرندے پر نہیں مار سکتے۔ دن میں ہو تو ہوا ڈر سے چل نہیں سکتی۔ یا سورج زیادہ چمک نہیں سکتا وغیرہ وغیرہ۔ ہال کی تنگی کی شکایت، سارے شہر میں سنی گئی، لیکن منتظمین جلسہ بے بس تھے۔ موسم سرما میں ہال میں جلسہ نہ کیا جائے تو سردی سے لوگ بے حال ہو جائیں۔

کلا مندر کے اسٹیج کو بہت زیادہ خوبصورتی سے سجایا گیا تھا (شادی خانہ معلوم ہو رہا تھا) پس منظر میں ظریفان اردو کے حلیوں (کارٹونوں) پر مشتمل ایک طویل و عریض پینٹنگ تھی۔ محمد علی نے اسی تصویر کی نقاب کشائی سے جشن ظرافت کا افتتاح کیا۔ تقریر بھی کی۔ تقریر میں دلچسپ باتوں کے علاوہ کچھ کام کی باتیں

بھی کہیں (جن کی ضرورت نہیں تھی) لوگ اس سنجیدہ اور نیم مزاحیہ تقریر ہی سے اتنے متاثر ہوئے کہ نثری اجلاس میں حصّہ لینے والوں کو اپنے مضامین پر داد ملنے کا یقین ہو گیا۔ محمد حسین آزاد نے صدارتی خطبہ پڑھا۔ ان تقریروں سے پہلے معتمد جشن ظرافت، شبیر حسین وناک نے استقبالیہ تقریر کی (جلسے میں استقبالیہ ضروری ہے)

نثری اجلاس میں مہمان ادیبوں میں نریندر لوتھر، وجاہت سندیلوی، سرور جمال، احمد جمال پاشا، مجتبیٰ حسین اور یوسف ناظم نے مضامین پڑھے۔ میزبان ادیبوں میں ایک بزرگ ادیب ماہ منیر خان کا مضمون احمد جمال پاشا نے پڑھ کر سنایا (اصل ادیب شانہ بہ شانہ کھڑے رہے۔ ایسا معلوم ہو رہا تھا کہ حلف اٹھانے کی رسم انجام دی جا رہی ہے) ان کے علاوہ نعمان ہاشمی نے بھی مضمون پڑھا۔ سامعین نے دل کھول کر داد دی (یہ محاورہ غلط ہے، انھوں نے اصل میں ہاتھ کھول کر داد دی) مجتبیٰ حسین سے دو مضمون سنے گئے۔ نریندر لوتھر کا "کوڈاں" بھی بہت پسند کیا گیا۔

پٹنہ میں نثری مضامین پڑھنے اور سننے کا یہ پہلا موقع تھا۔ کار پردازان جشن ظرافت سہمے سہمے سے تھے کہ پتا نہیں، تجربہ کیسا رہے۔ لیکن سامعین نے جس خوش دلی، خوش ذوقی کا مظاہرہ کیا، اس سے کار پردازان جشن ظرافت کو اپنی بدگمانی پر افسوس ہوا ہوگا۔ نثری اجلاس کے اناؤنسر تھے مصطفےٰ کمال۔ انھیں جلسے منعقد کرنے مشاعرے برپا کرنے اور ادیبوں و شاعروں کو معقول بنانے کا گر آتا ہے۔ (ان کے کنڈکٹ کے بارے میں اظہارِ خیال کا یہ موقع نہیں) نثری اجلاس کافی طویل اجلاس تھا لیکن ایسا معلوم ہو رہا تھا کہ لوگ، ایک جام اور، کے موڈ میں ہیں۔ مہمان تو خیر خوش تھے ہی، لیکن رضا نقوی واہی اور شفیع مشہدی کے چہرے ان

گلابوں کی طرح کھلے ہوئے تھے جو چینڈی گڑھ کے ذاکر باغ میں نظر آتے ہیں۔ جشن ظرافت کے سرپرست محمد حسین آزاد بھی بے حد خوش پائے گئے۔ انھوں نے سب سے نہایت گرمجوشی سے مصافحہ کیا۔ میں تو پانچ منٹ تک اپنا ہاتھ سہلاتا رہا۔

رات میں ہوٹل دی پبلک میں انجمن نجمی کی طرف سے ڈنر تھا۔ یہ دی پبلک ہوٹل، پبلک کے لیے نہیں ہے لیکن ہم تو معزز مہمان تھے۔ ہوٹل کے بینکویٹ ہال میں رونق ہی رونق تھی۔ داؤدی بوہرہ جماعت کے سربرآوردہ حضرات موجود تھے، جو پتا نہیں کیوں اتنے خوش تھے۔ ہم لوگوں میں تو کوئی خاص بات نہ تھی۔ ممکن ہے کوئی اور وجہ ہو۔ کھانا نہ صرف لذیذ تھا بلکہ بکثرت تھا اور اتنا تھا کہ کرناٹک کے وزیر ٹرانسپورٹ محمد علی کے علاوہ، محمد علی کلے بھی وہاں موجود ہوتے تو ہمارے ساتھ شریکِ طعام ہو سکتے تھے۔ میٹھا تو اتنا عمدہ تھا کہ کھانا کھانے کا افسوس ہوا۔ کیا اچھا ہوتا کہ ایسی دعوتوں میں بھی اناؤنسر ہوا کریں جو پہلے ہی سے کھانوں کی نوعیت کے بارے میں مطلع کر دیا کریں۔ اس دعوت نے جشن ظرافت کو جشن ضیافت میں بدل دیا اور طعام بعدہٗ کلام کے دیرینہ اصول کا بھی پاس رکھا گیا، مائک پر پہلے تو انجمن نجمی کے سربراہ نے محمد علی اور محمد حسین آزاد صاحبان کا خیر مقدم کیا، بلکہ صرف ایک ہی جملہ کہا جس پر مجھے عرض کرنا پڑا کہ اس سے مختصر تقریر ممکن نہیں ہو سکتی۔ مائکروفون کافی دیر خاموش رہا اور کہیں سے اچانک شفیع مشہدی اس پر نمودار ہوئے، انھوں نے تو کھانے سے بھی زیادہ، پُر تکلف تقریر کی اور مہمانوں کو کافی شرمندہ کیا۔

مہمان ادیبوں اور شاعروں کی آمد کا انھوں نے کچھ اس طرح ذکر کیا، جیسے یہ لوگ اس سے پہلے کہیں گئے ہی نہیں تھے اور پہلی مرتبہ گھر سے پٹنہ کے لیے نکلے تھے۔ اس تقریر کا کچھ نہ کچھ جواب کسی نہ کسی کو دینا ہی تھا میں نے خود ساختہ نمائندے

کی حیثیت اختیار کر لی۔ (جب بھی مائکروفون خالی ہو! ایسا ہی کرنا چاہیے) اس کے بعد لطیفہ گوئی کی محفل سجی۔ نریندر لوتھر، مجتبیٰ حسین، شفیع مشہدی، بوگس حیدرآبادی طالب خوندمیری اور شاید میں نے بھی ایک دو لطیفے سنائے۔ جب اندازہ ہوگیا کہ اس سے زیادہ ہنسی مضر ثابت ہوگی، تو محفل برخاست ہوگئی۔ کچھ تصویریں بھی ہوئیں اور ایک موقع ایسا بھی آیا کہ لوگ صرف مسکراتے رہے۔ کیمرہ فیل ہوگیا۔

۱۲ر کی صبح کو سمینار کا حصۂ دوم درپیش تھا، لیکن اس سے پہلے شفیع مشہدی کے افسانوں کے مجموعے "شاخِ لہو" کے اجرا کی رسم انجام دی گئی۔ آج تو لوگ کل سے بھی زیادہ آئے تھے۔ انھیں شاید یہ اطلاع مل گئی تھی کہ خدا بخش لائبریری میں جگہ کم ہے۔ جو لوگ کل اندر کھڑے تھے، آج انھیں باہر کھڑے ہونا تھا۔ مائکروفون کی صحت میں بھی کوئی افاقہ نہ ہوا تھا۔ رسم اجرا محمد علی نے انجام دی۔ تقریریں ہوئیں۔ سہیل عظیم آبادی کی بھی تقریر سننے کو ملی مجتبیٰ حسین نے ایک مزاحیہ خاکہ پڑھا۔ شفیع مشہدی نے رقت بھری آواز میں شکریہ ادا کیا۔ اس کے فوراً بعد ہی سمینار شروع ہوگیا۔ ڈاکٹر لطف الرحمان نے مقالہ پڑھا تو ڈاکٹر قمر اعظم ہاشمی نے بھی مقالہ پڑھا۔ صدارت مجتبیٰ حسین نے کی۔ ڈاکٹر عابد رضا بیدار اناؤنسر تھے۔ دونوں مقالوں پر خوب بحث ہوئی۔ خاص طور پر ڈاکٹر لطف الرحمان کے مقالے پر سخت بحث ہوئی۔ احمد جمال پاشا شاید ہوٹل ہی سے غصے میں آئے تھے۔ بہت بولے اور غالباً تین مرتبہ مائکروفون ان کے حوالے کیا گیا۔ بہت صحیح بولے، مزاح نگاروں کے تائید ہیں، لیکن جوش ذرا زیادہ ہی تھا۔ ڈاکٹر قمر رئیس نے بھی اظہار خیال کیا اور ثابت کر دیا کہ ظرافت دوسرے درجے کی چیز ہے۔ ان کی بحث خود ان کے اپنے مقالے سے مختلف تھی۔ ایسا ہوتا ہے، ڈاکٹر لطف الرحمن کا مقالہ میں نے پڑھنے کے لیے مانگا تو معلوم ہوا

پٹنہ سے کسی ادبی پرچے کی اشاعت عمل میں آنے والا ہے، اس کے اڈیٹر صاحب
لے کر چلے گئے۔ ڈاکٹر قمر رئیس کا مقالہ تو غالباً مشاعرے کے ہم عصر نمبر میں چھپ
رہا ہے۔ یہ ہر حال دونوں مقالے چھپ جائیں تو اہلِ ظرافت کو اپنی حیثیت کا
صحیح اندازہ ہو جائے گا۔ آج کی بحث خوش گوار حد تک نزاعی تھی اور اگر لوگ
پنچ پر مدعو نہ ہوتے تو یہ اور طول پکڑتی۔ سمینار کو اتنی ہی حد تک کامیاب
ہونا چاہیے۔ مزید کامیابی، قواعدِ اردو کے منافی ہے۔

کہیں زیادہ دیر نہ ہو جائے، اس لیے یہ لوگ بعجلت ملکہ ہوٹل پرنس
کی طرف بھاگے۔ محمد حسین آزاد کی طرف سے دعوت تھی۔ ہوٹل پرنس بھی معقول
جگہ ہے۔ اچھا ہوا کہ کھانا بند کمرے میں نہیں، بلکہ ٹھنڈی دھوپ میں تھا۔ کھلی
جگہ میں ٹہل ٹہل کر کھانا زیادہ مناسب ہوتا ہے۔ کھانے کا میدان، میدانِ
کارزار میں تبدیل ہو گیا۔

سہ پہر میں بہار اردو اکادمی کی طرف سے بانکی پور کلب میں چائے کی
دعوت تھی۔ بانکی پور کلب بھی پٹنہ یونیورسٹی کی طرح گنگا کے کنارے واقع ہے
پرانی عمارت ہے، اسی لیے کافی وسیع ہے۔ گنگا میں اترنے کے لیے سیڑھیاں
بھی بنی ہوئی ہیں۔ جن کی موجودہ حالت یہ ہے کہ ان پر پاؤں رکھو تو سیدھے
گنگا میں جا پڑو۔ سرور جمال کو یہیں نے بڑی مشکل سے قسمیں دے کر واپس بلایا۔
وہ اگر ایک قدم اور آگے بڑھتیں تو خطرے کی بات تھی۔ معلوم ہوا کہ یہ مکان
سر علی امام یا ان کے صاحبزادے کا تھا۔ بیگم عزیز امام ایم پی دعوت میں
موجود تھیں، لیکن مکان کی ملکیت کوئی ایسی اہم بات نہ تھی کہ ان سے پوچھی
جاتی۔ دعوت میں بہت لوگ تھے اور اپنی اپنی پسند کے طبقے میں بیٹھے ہوئے
تھے۔ سیاسی پارٹیاں اسی طرح بنتی ہیں۔ بہار اردو اکادمی ادیبوں اکادمیوں

میں سے ایک ہے۔ سہیل عظیم آبادی اس کے کرتا دھرتا ہیں۔ سہیل عظیم آبادی، افسانہ نگار تو ہیں ہی، لیکن یہ پرانے کانگرسی بھی ہیں اور پرانے کانگرسی، پرانے چاولوں اور پرانی شراب کی طرح ''وقیع'' ہوتے ہیں۔ سہیل صاحب جتنا زیادہ کام کرتے ہیں، اتنے ہی زیادہ پان کھاتے ہیں۔ مگھی پان یہیں کھانے کو ملے۔ وقت واحد میں چار پان ایک تیلی میں پروکر پیش کیے جاتے ہیں۔ (پانوں کی رباعی میں نے پہلی مرتبہ دیکھی) دو چار منٹ تک فقط دیکھتے ہی رہنے کو جی چاہتا ہے۔ عصرانہ میں مٹھائی بہ مقدار کثیر تھی (پٹنہ ہے ہی کچھ مٹھاس کا شہر) عصرانہ میں لطف آیا۔ تقریریں نہیں ہوئیں نا۔

شام میں چھ بجے جشن ظرافت کا کلائمکس تھا۔ یعنی مشاعرہ۔ وہی بھارتیہ کلا نرتیہ مندر کا ہال اور وہی ہنگامہ۔ مشاعرہ ٹھیک وقت پر شروع ہوا۔ شاعر تو نثری اجلاس میں بھی شریک تھے، لیکن آج ان کی سج دھج کچھ اور ہی تھی۔ کل کے براتی آج کے نوشاہ۔ دن بدلتے دیر نہیں لگتی۔

مشاعرے کی صدارت محمد علی نے کی اور تقریر میں کہا کہ وہ تو کل تقریر کر چکے ہیں، آپ لوگ کل کیوں نہیں آئے۔ پٹنہ کانگرس کمیٹی کے صدر سیتارام کیسری نے مشاعرے کا افتتاح کیا۔ سامعین بے حد خوش ہوئے۔ مل جلی اردو بجائے خود مزاح آور ہوتی ہے۔ مشاعرے کو کنڈکٹ کر رہے تھے شفیع مشہدی، اناؤنسر کی حیثیت اسمبلی کے اسپیکر کی تو نہیں ہوتی، لیکن اس سے ملتی جلتی ضرور ہوتی ہے۔ خود انھوں نے بھی کافی ہنسایا اور اپنی اناؤنسنگ میں وہ بار بار ہندستان میں بہنے والے دریاؤں کا ذکر کرتے رہے کہ انھوں نے اس جشن ظرافت کے ذریعے سب پانیوں کو ملا دیا ہے۔ مشاعرہ شروع ہو گیا، لیکن سامعین تھے کہ چلے آ رہے تھے۔ خود ڈائس پر اتنے سامعین آ گئے تھے کہ شاعروں کی شکل مشکل ہی سے دکھائی دے رہی تھی۔ مشاعرہ

جب عنوان شباب سے شباب پر آیا، لوگ ہمہ تن چشم و گوش ہوگئے۔ (شباب دیکھنے کی چیز ہوتی ہے) ان کے قہقہوں نے شاعروں کو اور زیادہ ورغلایا۔ ان میں سے کچھ نے ڈوب کر کلام پڑھا اور کچھ نے ابھر کر۔ کوئی پچیس شاعروں نے کلام سنایا۔ مہمان شاعروں میں سلیمان خطیب، طالب خوند میری، بوگس حیدر آبادی، پاگل عادل آبادی، گڑبڑ حیدر آبادی، بھباٹ حیدر آبادی، مقرب حسین (بھوپال) ہلال رضوی رام پوری، پروفیسر سیّد حسن، پروفیسر مہدی علی، جوہر سیوانی، اسرار جامعی، عادل لکھنوی، فیاض عالم رقیب، خالد رحیم، اسمٰعیل آذر، قادر نکیم پوری تا شاگیادی اور مسٹر لکھنوی جیسے شاعر موجود تھے جو مشاعرے کی کامیابی کے لیے کافی ہی نہیں، بلکہ کافی سے زیادہ تھے۔ میزبان شاعروں میں علامہ فضل، امام واقف رضا نقوی واہی، ابرار ساغر، محبوب جہانگیر نے کلام سنایا اور محفل کو گرمایا (سردیوں کے موسم میں کسی کو گرمانا مشکل کام ہوتا ہے)

سلیمان خطیب کو لوگوں نے بہت سنا۔ سلیمان خطیب کو شبہ تھا کہ سامعین ان کی دکنی نہیں سمجھیں گے (غلط فہمیوں کا کوئی علاج نہیں) لیکن جب انھوں نے دکنی شاعری سنائی تو انھیں معلوم ہوا کہ ان سے بہتر دکنی سمجھنے والے بھی موجود ہیں۔

مشاعرہ جب برخاست ہوا، تو لوگوں کو افسوس ہوا کہ اتنی جلدی کیوں برخاست ہوگیا۔

۱۲ دسمبر ہماری وداع کا دن تھا۔ مہمانوں نے سامان سمیٹنا شروع کیا۔ (یعنی اپنا سامان سمیٹنا شروع کیا) منتظمین جلسہ نے واپسی کا بندوبست بھی اتنا ہی اچھا کیا تھا، جتنا ٹھہرنے کا بلکہ واپسی کے بندوبست میں زیادہ محنت کی تھی (خوشی کا موقع تھا) صبح ہی صبح ہر کسی کے ہاتھ میں اس کی واپسی کا ٹکٹ اور ریزرویشن کارڈ تھا۔ دن بھر رخصتیاں سلامیاں ہوتی رہیں۔ ہیں چونکہ سب

ت پہلے آیا تھا، اس لیے سب سے آخر میں جانے والا تھا (فرسٹ کم لاسٹ گو، ہیر کا اصول رہا ہے) حیدر آباد گروپ بھی اسی ٹرین سے سفر کرنے والا تھا، جو رات میں گیارہ بجے پٹنہ سے نکلتی ہے۔ ہم لوگوں کو رات میں گیارہ بجے تک مصروف رکھنے کا یہ بندوبست کیا گیا کہ جشن ظرافت کے سکریٹری شبیر حسین دناک نے اپنے گھر پر ایک محفل شعر بہ مع ڈنر ترتیب دی۔ نہایت بے تکلف اور گھریلو محفل تھی۔ طے یہ ہوا کہ سلیمان خطیب کو بالتفصیل سنا جائے گا اور ان کی آواز ٹیپ کر لی جائے گی۔ جب ہم "دل افزا" (کیونکہ یہی اس مکان کا نام تھا) پہنچے تو کمرے میں ہر طرف ٹیپ ریکارڈر لگے ہوئے تھے، ہماری سانسیں تک "قلم بند" ہو گئیں۔ محمد حسین آزاد بھی آئے تو ٹیپ ریکارڈرے کر ہی آئے۔ شفیع مشہدی نے پھر دریاؤں کا ذکر چھیڑ دیا۔ میں نے عرض کیا وہ آندھرا آجائیں تو بہتر ہو گا۔ پانی کے جھگڑے چک جائیں گے۔ نہیں مانے، بولے میں یہیں رہوں گا اور ایک جشن ظرافت اور کروں گا۔ رضا نقوی واہی نے فوراً تائید کی۔ کیوں کہ انھوں نے بہت دیر سے کچھ کیا نہیں تھا۔ محمد حسین آزاد وزیر زراعت نے فرمایا ٹھیک ہے ظرافت کی کھیتی ہری رہے تو ان کا کیا بگڑتا ہے۔ بات پکی ہو گئی۔ مشاعرہ ہوا ہر کسی نے کلام سنایا۔ کلیم عاجز بھی شریک محفل تھے۔ ان سے اتنا اصرار ہوا کہ عاجز آ کر انھوں نے دو غزلیں سنا ہی دیں۔ میں نے کتنے ہی لوگوں کو ترنم میں پڑھتے سنا ہے لیکن کلیم عاجز کے ترنم میں عجیب وغریب کیفیت ہے اور پھر استادانہ کلام۔

شفیع مشہدی نے وداعی تقریر کی۔ شکر ہے کہ روئے نہیں۔ جواب میں، میں بھی بسورا۔ معلوم نہیں کس نے جادو کر دیا تھا کہ میں کہہ بیٹھا کہ اگر آیندہ پیدل آنے کے لیے بھی کہا گیا تو ہم پیدل بھی آجائیں گے۔ اب ڈرتا ہوں کہیں سچ مچ پیدل نہ بلوا لیا جائے لیکن کوئی حرج نہیں۔ کہا ہے تو کر بھی دکھاؤں گا۔

منتخب مزاحیہ مضامین کا مجموعہ

البتہ

مصنف : یوسف ناظم

بین الاقوامی ایڈیشن منظر عام پر آچکا ہے

منتخب مزاحیہ مضامین کا ایک اور مجموعہ

کیف و کم

مصنف : یوسف ناظم

بین الاقوامی ایڈیشن منظر عام پر آچکا ہے